Barbara Rias-Bucher

Köstliche Geflügel-Gerichte

Poularde, Hähnchen, Ente, Gans und Puter
Original-Rezepte aus aller Welt

D1993384

GU

Gräfe und Unzer

Umschlag-Vorderseite
Das Bild zeigt den pikanten Hähnchentopf (Rezept Seite 29), der, ohne Tomaten zubereitet, auch noch auf Seite 20 abgebildet ist.

2. Umschlagseite
Aus einem jungen, frisch gegarten Huhn zubereitet schmeckt Geflügelsalat mit Früchten am besten. Rezept Seite 6.

3. Umschlagseite
Ein kalorienarmes Gericht aus der Bio-Küche: Chinahuhn mit Tofu. Tofu ist Quark aus Sojamilch und besonders eiweißreich. Rezept Seite 52.

CIP-Kurztitelaufnahme der Deutschen Bibliothek
Rias-Bucher, Barbara:
Köstliche Geflügel-Gerichte: Poularde, Hähnchen, Ente, Gans u. Puter; Orig.-Rezepte aus aller Welt/Barbara Rias-Bucher. - 2. Aufl. - München: Gräfe und Unzer 1987
ISBN 3-7742-4633-5

2. Auflage 1987

Redaktion: Nina Andres
Herstellung: Robert Gigler
Farbfotos: Fotostudio Teubner
Zeichnungen: Gerlind Bruhn
Umschlaggestaltung: Heinz Kraxenberger
Satz und Druck: Georg Appl
Reproduktionen: Brend'amour, Simhart GmbH & Co.
Bindung: R. Oldenbourg

ISBN 3-7742-4633-5

Barbara Rias-Bucher,
gebürtige Münchnerin, arbeitete nach ihrem Studium als Redakteurin bei einem Münchner Verlag. Seit 1979 ist sie als freie Food-Journalistin für Zeitschriften und große Buchverlage tätig. Unter anderen sind folgende Titel von ihr bei GU erschienen: So schmeckt's vom Holzkohlengrill, Kochbuch für 1 Person, Natürlich kochen - köstlich wie noch nie.

Sie finden in diesem Buch

Alle Rezepte sind, wenn nicht anders angegeben, für 4 Personen berechnet.

Ein Wort zuvor

Über Geflügel läßt sich, sowohl kulinarisch als auch vom gesundheitlichen Standpunkt aus betrachtet, nur Gutes sagen: Huhn und Puter sind leicht und kalorienarm, Ente und Gans besonders würzig im Geschmack. Kaum ein anderes Fleisch läßt sich so vielseitig und abwechslungsreich zubereiten wie Geflügel. Es harmoniert mit den meisten Gewürzen, schmeckt mit frischen oder getrockneten Kräutern, ist gegrillt, gebraten und geschmort gleichermaßen eine Delikatesse. Die schützende Haut sorgt dafür, daß das Fleisch beim Garen saftig bleibt, und für viele Leute ist diese knusprige Hülle sowieso das Beste vom ganzen Braten. Außerdem paßt Geflügel zu fast allen Gelegenheiten: Putenschnitzel und Hähnchensteaks bereichern die schnelle Küche, feine Geflügelsalate und elegante Terrinen ein kaltes Buffet. Mit Geflügel-Sandwiches können Sie hungrige Gäste rasch und problemlos sattmachen, mit deftigen Schmorgerichten diejenigen erfreuen, die Hausmannskost schätzen. Hähnchen oder Ente, Gans oder Puter sind höchst edle Festtagsbraten, mit denen Sie auch Feinschmecker locken können.

Selbstverständlich finden Sie in diesem Küchen-Ratgeber nicht nur Bewährtes wie frisch gekochte Hühnerbrühe und Nudelsuppe mit Huhn, gefüllte Gans und knusprigen Entenbraten; auch weniger Bekanntes fehlt nicht: Probieren Sie mal ein Hähnchen, das gebraten und mit einer würzigen Marinade aus Wein und Kräutern übergossen und dann kalt serviert wird, zart gebratene Entenbrust auf einem Bett von Feldsalat und Pilzen oder ein Huhn, sanft geschmort mit Backpflaumen und Orangensaft. Manches habe ich ein wenig »modernisiert«, damit es unserem neuen, verfeinerten Geschmack entspricht. Bei anderem wiederum gab es nichts zu verbessern: Schon unsere Großmütter wußten, wie man Gänseklein in eine Delikatesse verwandelt. Berühmte Gerichte der klassischen Küche wie Ente mit Orangen und Coq au vin sind ebenso vertreten wie exotische Köstlichkeiten.

Ein optischer Genuß sind schon die vielen brillanten Farbfotos, welche die Vielfalt der Zubereitungsmöglichkeiten zeigen. Was etwas schwieriger zu machen ist, wird in Schritt-für-Schritt-Abbildungen gezeigt. Mit informativen Zeichnungen und Tips werden die einfachen Rezeptbeschreibungen so ergänzt, daß Ihnen sicher alles leicht gelingt.

Und weil man Geflügel auch so vielfältig zubereiten kann, soll mein neuer Küchen-Ratgeber Sie nicht nur mit einer ganzen Reihe von köstlichen Rezepten versorgen, sondern auch Ihre Phantasie zu eigenen Kreationen anregen.

Noch etwas Positives gibt es über Geflügel zu berichten: die berühmt-berüchtigten »Gummiadler« sind zwar immer noch auf dem Markt, aber wenn Sie ein bißchen wählerisch sind, können Sie heute bereits wieder qualitativ hochwertiges Fleisch kaufen. Am besten sehen Sie sich beim Geflügelhändler um oder in den Lebensmittelabteilungen großer Warenhäuser: Dort gibt es frisch geschlachtete Tiere mit festem, würzigem Fleisch. Vielleicht kennen Sie auch einen Bauern, der mit Körnern gemästetes Geflügel anbietet. Wenn Sie solches Geflügel erst einmal gekostet haben, werden Sie vermutlich das genormte EG-Brathähnchen von nun an da lassen, wo es ist: in der Tiefkühltruhe des Supermarktes.

Ob Huhn oder Puter, Gans oder Ente – Geflügel sollte wieder das werden, was es früher war: eine Köstlichkeit für Feinschmecker, ein Genuß nicht nur für festliche Stunden. In diesem Sinne viel Spaß beim Kochen und guten Appetit!

Ihre Barbara Rias-Bucher

Wissenswertes über Geflügel

Was der Markt an Geflügel bietet, ist für den Verbraucher einigermaßen verwirrend. Deshalb zunächst eine Übersicht über das Angebot und die Bedeutung der verschiedenen Begriffe:

Jungmasthühner sind vor der Geschlechtsreife geschlachtete Tiere, die wiederum in drei Gruppen unterteilt werden:

1. Brathähnchen sind 6 bis 8 Wochen alt und wiegen zwischen 700 und 1150 g.

2. Poularden sind 16 bis 22 Wochen alt; sie wiegen zwischen 1150 g und 1,5 kg. Früher verstand man darunter weibliche, kastrierte Hühner, heute sind sowohl männliche als auch weibliche Tiere damit gemeint.

3. Jungmasthühner oder -hähne sind fleischige Tiere mit Fettansatz. Alter zwischen 12 und 16 Wochen, Gewicht zwischen 1,5 und 2 kg.

Nach der Geschlechtsreife geschlachtete Tiere heißen **Suppenhühner.** Es handelt sich um Legehennen, die nach 12 bis 15 Monaten geschlachtet werden und ein Gewicht von etwa 1,5 kg erreicht haben.

Selten angeboten wird der **Kapaun,** ein ausgewachsener, kastrierter Hahn, der besonders schmackhaft und fleischig ist.

Vor allem in Norddeutschland gibt es außerdem **Stubenküken,** junge Tiere, die nach 4 bis 6 Wochen geschlachtet werden und zwischen 250 und 500 g wiegen.

Bresse-Poularden sind das, was die meisten Hühner früher waren: glückliche, freilaufende Tiere, die sich ihr Futter selbst suchen. Sie stammen aus der »Bresse«, einer Region am Rande des französischen Jura, kommen mit einem blau-weiß-roten Gütesiegel in den Handel und sind sehr teuer, schmecken dafür aber so hervorragend, daß auch Meisterköche wie Paul Bocuse sie schätzen.

Frühmastenten sind Hausenten und werden noch vor der ersten Federreife, das heißt nach etwa 8 Wochen, geschlachtet und wiegen etwa 1,6 kg.

Junge Enten, nach der ersten Federreife geschlachtete Hausenten, haben ein Gewicht von etwa 1,6 bis 2 kg.

Sie können auch Hausenten kaufen, die über 1 Jahr alt sind und etwa 2,5 kg wiegen.

Flugenten sind zahme Tiere (im Gegensatz zu Wildenten), die frei laufen und auch kurze Strekken fliegen können. Sie werden nach 7 bis 8 Monaten geschlachtet, wiegen etwa 1,5 kg und haben dunkles, aromatisches Fleisch und weniger Fett als Hausenten.

Barbarie-Enten sind eine Kreuzung aus Wild- und Flugenten mit wenig Fett und viel Brustfleisch. Die Barbarie-Ente ist wie die Bresse-Poularde eine Delikatesse und deshalb nicht gerade billig.

Frühmastgänse sind vor der ersten Federreife geschlachtete Tiere mit einem Gewicht von 3 bis 3,5 kg.

Junge Gänse werden nach der Federreife geschlachtet und kommen von Oktober bis Januar auf den Markt. Sie wiegen zwischen 4 und 5 kg.

Mastgänse sind über 1 Jahr alt und wiegen bis zu 6 kg.

Junge Puter (Truthähne) sind sowohl männliche als auch weibliche Tiere. Nach einer Kurzmast von 3 bis 4 Monaten wiegen sie etwa 3 kg, nach der Langmast von etwa 1 Jahr bringen sie bratfertig zwischen 5 und 10 kg auf die Waage.

In den Rezepten werden Sie diese Begriffe allerdings nicht finden, denn sie sagen nur etwas über die Handelsklasse und nichts über die Qualität des Geflügels aus. Wichtig für eine gute Geflügelküche sind ja nicht solche Normen, sondern die richtigen Bezugsquellen für qualitativ hochwertiges Fleisch. Tips dazu finden Sie in »Ein Wort zuvor«.

Die Gerichte, die ich Ihnen in diesem ersten Kapitel vorstelle, können Sie zu vielen Gelegenheiten servieren: als kleinen Imbiß, delikaten Auftakt zu einem Festessen, köstliche Ergänzung zum kalten Büfett oder sogar anstelle einer leichten Hauptmahlzeit.

Geflügelsalat mit Früchten

Bild 2. Umschlagseite

Salate mit kaltem Hühnerfleisch gibt es in vielen Variationen – von süß bis pikant. Sie eignen sich als feine Vorspeise, bereichern aber auch ein kaltes Bufett. Am besten schmecken sie mit einem frisch gegarten, jungen Huhn. Selbstverständlich können Sie jedoch auch Reste von kaltem, gebratenem Huhn verwenden oder das Fleisch, das beim Kochen einer Hühnerbrühe anfällt.

1 Mandarine · 250 g blaue Weintrauben · 400 g gegartes Hühnerfleisch · je 50 g Walnußkerne und geschälte Pistazien · 1 Avocado · 1 Eßl. Zitronensaft · einige Blätter Kopfsalat · ⅛ l Sahne · 1 Eßl. Mayonnaise · Salz · Cayennepfeffer
Pro Portion etwa 2415 Joule/575 Kalorien

- Zubereitungszeit: etwa 20 Minuten

So wird's gemacht: Die Mandarine schälen, in Filets teilen, gegebenenfalls entkernen und in Stücke schneiden. Den Saft dabei auffangen. Die Weintrauben waschen, trockentupfen, halbieren und die Kerne entfernen. Das Hühnerfleisch sorgfältig von Fett und Sehnen befreien und in mundgerechte Stücke schneiden. Die Walnußkerne und die Pistazien grobhacken. Die Avocado halbieren und den Stein herauslösen. Die Fruchthälften schälen, in Scheiben schneiden und sofort mit dem Zitronensaft beträufeln, damit sie sich nicht verfärben. • Die Salatblätter waschen und trockenschwenken. Eine Schüssel mit den Salatblättern auslegen. • Die Mandarinen, die Weintrauben, das Hühnerfleisch, die Nüsse, die Pistazien und die Avocadoscheiben locker gemischt darauf anrichten. • Die Sahne steif schlagen und die Mayonnaise unterziehen. Die Sahnemayonnaise mit Salz und 1 kräftigen Prise Cayennepfeffer abschmecken und über dem Salat verteilen.

Das paßt dazu: Toast oder Baguette

Variante: Hühnersalat mit Gemüse
400 g gegartes Hühnerfleisch wie beschrieben vorbereiten und in Stücke schneiden. 100 g rohen Schinken vom Fettrand befreien und in Streifen schneiden. 1 Bund frischen Dill waschen, trokkentupfen und feinhacken. Für das Dressing ½ Becher Crème fraîche (100 g) mit ⅛ l saurer Sahne und 1 Eßlöffel Zitronensaft verrühren. Das Fleisch, den Schinken, je 150 g gegarte Erbsen und gegarten, in Stücke geschnittenen Spargel und den Dill in das Dressing mischen. Den Salat mit Salz, 1 Prise Zucker und frisch gemahlenem weißem Pfeffer abschmecken.

Variante: Hühnersalat mit Nudeln in Currysauce
150 g Hörnchennudeln bißfest garen, abgießen, abtropfen und lauwarm abkühlen lassen. Inzwischen 400 g gegartes Hühnerfleisch vorbereiten und in Stücke schneiden. 1 große, feste Birne vierteln, vom Kerngehäuse befreien, schälen und würfeln. 50 g Walnußkerne grobhacken. Für die Sauce 75 g Mayonnaise mit 2 Eßlöffeln Joghurt, 1 Teelöffel scharfem Senf, 1 Eßlöffel mildem Currypulver und 1 Eßlöffel Zitronensaft verrühren. Die Nudeln mit dem Hühnerfleisch, den Birnenwürfeln und den Walnüssen mischen. Die Currysauce unterziehen und den Salat mit Salz und 1 Prise Zucker abschmecken.

Hühnerkeulen mit Preiselbeersauce

Die pikant gewürzten Hühnerkeulen mit süß-scharfer Sauce lassen sich vorbereiten und eignen sich deshalb gut für ein kaltes Bufett.

3 Knoblauchzehen · 3 Eßl. Olivenöl · 4 Hühnerkeulen von je etwa 220 g · Salz · 6 Eßl. Preiselbeerkompott · 1 Teel. scharfer Senf · 2 Eßl. Zitronensaft · ½ Teel. Ingwerpulver · ¼ unbehandelte Orange · 1 getrocknete rote Pfefferschote
Pro Portion etwa 1825 Joule/435 Kalorien

- Vorbereitungszeit einschließlich Ruhezeit: etwa 3 Stunden
- Garzeit: etwa 30 Minuten

So wird's gemacht: Die Knoblauchzehen schälen, durch die Presse drücken und mit dem Öl mischen. Die Hühnerkeulen rundherum damit bestreichen und zugedeckt knapp 3 Stunden ziehen lassen. • Das Fleisch aus der Marinade nehmen und den Knoblauch abstreifen. Das Knoblauchöl beiseite stellen. • Die Hühnerkeulen rundherum salzen und in einer Pfanne ohne weitere Fettzugabe bei starker bis mittlerer Hitze von allen Seiten etwa 10 Minuten braten. • Die Keulen wieder mit dem Knoblauchöl bestreichen und unter häufigem Wenden bei schwacher bis mittlerer Hitze in weiteren 10–15 Minuten braun und knusprig braten. Das Fleisch herausnehmen und erkalten lassen. • Für die Sauce das Preiselbeerkompott mit einer Gabel zerdrücken und mit dem Senf, dem Zitronensaft, dem Ingwerpulver und der abgeriebenen Orangenschale verrühren. Die Pfefferschote zwischen den Fingern zerreiben und untermischen. Die Sauce zu den Hühnerkeulen servieren.

Das paßt dazu: Baguette oder Fladenbrot

Putensalat mit Kräutern

400 g gegarte Putenbrust · 1 Bund Frühlingszwiebeln · 250 g Salatgurke · 1 Fleischtomate · 1 Bund Radieschen · je ½ Bund Schnittlauch und Dill · 2 Eßl. Weißweinessig · 2 Eßl. trockener Weißwein · 1 Eßl. scharfer Senf · Salz · weißer Pfeffer, frisch gemahlen · 1 Prise Zucker · 7–8 Eßl. kaltgepreßtes Olivenöl
Pro Portion etwa 1360 Joule/325 Kalorien

- Zubereitungszeit: etwa 25 Minuten

So wird's gemacht: Die Putenbrust schon vom Metzger in dünne Scheiben schneiden lassen. Das Fleisch dann in etwa ½ cm breite Streifen teilen. • Die Frühlingszwiebeln putzen, waschen, trockentupfen und mit etwa der Hälfte des Zwiebelgrüns in hauchdünne Ringe schneiden. Die Salatgurke schälen und halbieren. Die Kerne mit einem Löffel herauskratzen. Die Gurke in feine Scheibchen schneiden. Die Tomate waschen, abtrocknen und würfeln, dabei nur den Stielansatz entfernen. Die Radieschen putzen, waschen, trockentupfen und ebenfalls in Scheibchen teilen. Den Schnittlauch und den Dill waschen, trockenschwenken und fein zerkleinern. Alle diese Zutaten miteinander mischen. • Für die Salatsauce den Essig mit dem Wein, dem Senf, Salz, Pfeffer und dem Zucker verrühren. Das Olivenöl nach und nach unterschlagen. • Die Sauce über den Salat gießen und alles vorsichtig mischen.

Das paßt dazu: Vollkornbrot und eventuell Butter

Variante: Ente mit Feldsalat und Pilzen
1 Entenbrust von etwa 340 g entbeinen und rundherum mit Salz und frisch gemahlenem schwarzem Pfeffer einreiben. ½ Eßlöffel Öl erhitzen. Die Entenbrust zuerst mit der Hautseite nach un-

ten bei starker Hitze darin anbraten. Das Fett abgießen, das Fleisch wenden und bei mittlerer Hitze in etwa 30 Minuten fertigbraten, bis es außen schön gebräunt ist. Die Entenbrust dabei noch ein- oder zweimal wenden. Das Fleisch aus der Pfanne nehmen und lauwarm abkühlen lassen. Inzwischen 2 Eßlöffel Himbeeressig mit Salz, 1 Prise Zucker und wenig schwarzem Pfeffer verrühren. 4 Eßlöffel Sonnenblumenöl nach und nach unterschlagen. 100 g Feldsalat waschen und trockenschwenken. 50 g braune Egerlinge putzen, gegebenenfalls waschen und dann blättrig schneiden. Den Feldsalat und die Pilze locker mischen, auf vier Teller verteilen und mit der Marinade beträufeln. Die Entenbrust schräg in etwa 1 cm dicke Scheiben schneiden und auf dem Salat anrichten.

Mein Tip Entenbrust ist nicht überall erhältlich und auch nicht gerade billig. Der Salat schmeckt aber auch mit Hühnerbrust köstlich. Für besondere Gelegenheiten können Sie Fasanenbrust verwenden.

Geflügelsandwiches mit Avocado

Gewiß rechnete sich John Montague, der vierte Earl of Sandwich, selbst am wenigsten zu den wahren Feinschmeckern. Er kreierte das berühmte Brot mit »Deckel« nämlich nicht, um die Kochkunst zu bereichern, sondern nur, weil er – unbelastet von Messer und Gabel – dem Kartenspiel auch während der notwendigen Mahlzeit frönen wollte. Doch Ehre, wem Ehre gebührt: Die kulinarische Erfindung des Earls ist deswegen so beliebt, weil sie ausgesprochen köstlich schmeckt.

1 doppelte Hühnerbrust von etwa 250 g · Salz · weißer Pfeffer, frisch gemahlen · 50 g Butter · 4 Sandwich-Brötchen · 4 Blätter Kopfsalat · 1 große reife Avocado · Saft von ½ Zitrone · ½ Becher Crème fraîche (100 g) · 3 Eßl. gemischte Kräuter, frisch gehackt

Pro Portion etwa 2310 Joule/550 Kalorien

- Zubereitungszeit: etwa 35 Minuten

So wird's gemacht: Die Hühnerbrust entbeinen und rundherum mit Salz und Pfeffer einreiben. • Die Hälfte der Butter erhitzen und darin die Hühnerbrust mit der Hautseite nach unten bei starker Hitze anbraten. Das Fleisch wenden und in etwa 8 Minuten fertigbraten. Dabei noch einmal wenden. Die Hühnerbrust herausnehmen, einige Minuten ruhen lassen und schräg in etwa 1 cm dicke Scheiben schneiden. • Die Brötchen halbieren und die unteren Hälften mit der restlichen Butter bestreichen. • Die Salatblätter jeweils auf die unteren Brötchenhälften legen und die Fleischscheiben darauf verteilen. • Die Avocado halbieren, vom Kern befreien, schälen, in dünne Scheiben schneiden und auf das Fleisch geben. Die Scheiben sofort mit dem Zitronensaft beträufeln und mit Salz und Pfeffer bestreuen. • Die Crème fraîche mit den Kräutern mischen und die Avocadoscheiben damit überziehen. Die oberen Brötchenhälften wieder auflegen und die Sandwiches sofort servieren.

Mit Hilfe der Fotos und der genauen Rezeptbeschreibung gelingt die Geflügelterrine auch Ungeübten leicht. Sie schmeckt vorzüglich und eignet sich gleichermaßen als Bestandteil eines kalten Buffets oder als Vorspeise. Rezept Seite 12.

Variante: Geflügelsandwiches mit Gurke
4 Sandwich-Brötchen halbieren und die Hälften zuerst dünn mit Butter, dann mit Kräutersenf bestreichen. 1 doppelte, entbeinte Hühnerbrust braten, in Scheiben schneiden und auf den unteren Brötchenhälften verteilen. ½ kleine Salatgurke schälen, in dünne Scheiben schneiden und auf das Fleisch legen. Die Gurkenscheiben mit Salz und frisch gemahlenem schwarzem Pfeffer bestreuen und die oberen Brötchenhälften darauflegen.

Variante: Geflügelsandwiches mit Schafkäse
2 Teelöffel grünen Pfeffer aus dem Glas abtropfen lassen und mit einer Gabel fein zerdrücken. Den Pfeffer mit 50 g weicher Butter verkneten. 4 Roggenbrötchen halbieren und jeweils beide Hälften mit der Pfefferbutter bestreichen. 250 g gegarte Putenbrust (in Scheiben geschnitten) auf den unteren Hälften verteilen. 100 g griechischen Schafkäse zerkrümeln und auf das Fleisch geben. Die Blättchen von 1 Kästchen Kresse mit einer Küchenschere abschneiden, auf dem Käse verteilen und mit den oberen Brötchenhälften belegen.

Variante: Geflügelsandwiches mit Kiwi
8 Scheiben Kastenweißbrot dünn mit Remouladensauce bestreichen. 250 g in dünne Scheiben geschnittene, geräucherte Gänsebrust auf 4 der Brotscheiben verteilen. 2 Kiwis schälen, in Scheiben schneiden, auf das Fleisch legen und mit den restlichen Brotscheiben abdecken.

Currypulver ist ein ideales Würzmittel für Geflügel. Beweis dafür ist der harmonische Geschmack der Currysuppe mit Mandeln. Rezept Seite 16.

Mariniertes Brathähnchen

Ein feines Essen für Gäste, das sich sehr gut vorbereiten läßt. Das kalte Hähnchen in der würzigen Marinade paßt auch auf ein Partybuffet.

1 Huhn oder Hähnchen von etwa 1,6 kg · Salz · schwarzer Pfeffer, frisch gemahlen · 1 Eßl. Butter · 2 Bund Frühlingszwiebeln · je 1 Bund Petersilie und Estragon · 1 unbehandelte Zitrone · 2 Eßl. Olivenöl · je ¼ l selbstgekochte Hühnerbrühe (Rezept Seite 13) und trockener Weißwein · 1 Lorbeerblatt · 4 schwarze Pfefferkörner
Pro Portion etwa 2380 Joule/570 Kalorien

- Vorbereitungszeit: etwa 10 Minuten
- Garzeit: 1½ Stunde
- Ruhezeit: 6 Stunden

So wird's gemacht: Das Huhn wie im Rezept »Brathähnchen«, Seite 22 beschrieben, vorbereiten, mit Salz und Pfeffer einreiben, mit Butter bestreichen und braten. • Inzwischen die Frühlingszwiebeln putzen, waschen und mit etwa ⅔ des Zwiebelgrüns in 2 cm lange Stücke schneiden. Die Petersilie und den Estragon waschen, die Blättchen abzupfen, trockentupfen und feinhacken. Die Kräuterstiele für die Marinade beiseite legen. Die Zitrone waschen und abtrocknen. Mit einem scharfen Messer ein etwa 5 cm langes, hauchdünnes Stück Schale abschneiden und in millimeterdünne Streifen schneiden. Die Zitrone auspressen. • Das Olivenöl erhitzen und die Zwiebeln darin rundherum anbraten. Die Hühnerbrühe und den Wein dazugießen, die Kräuterstiele, die Zitronenschale und den -saft sowie das Lorbeerblatt und die Pfefferkörner hinzufügen und alles einmal aufkochen. Die Zwiebeln etwa 3 Minuten bei schwacher Hitze garen. • Die Zwiebeln mit einem Schaumlöffel herausnehmen und in die Schüssel geben, in der später das Huhn mariniert wird. • Die Marinade bei starker Hitze auf etwa die Hälfte einkochen lassen. • Das gebratene Huhn aus dem Ofen nehmen, in 8 Stücke tranchieren und zu den Zwiebeln legen. Die gehackten Kräuter darüberstreuen. • Die Marinade durchsieben, noch einmal erhitzen und über die Hühnerstücke gießen. • Das Huhn erkalten lassen und zugedeckt an einem kühlen Ort marinieren. Dabei die Stükke einige Male wenden.

Das paßt dazu: Brot und Butter

Geflügelterrine

Bild Seite 9

Terrinen bestehen aus einem Teig von Fleisch oder Fisch, Gewürzen und Eiern. Man gart sie im Wasserbad – anders als Pasteten, die »Terrinen« mit einem Teigmantel, die im Ofen gebakken werden. Alle Terrinen eignen sich als Bestandteil eines kalten Bufetts und – je nach Zubereitungsart – als feine oder rustikale Vorspeise. Die Geflügelterrine, die ich Ihnen hier vorstelle, braucht weder viel Zeit noch Mühe, gelingt auch ungeübten Köchen und schmeckt vorzüglich.

Zutaten für 6 Personen:
175 g Hühnerlebern · 1 doppelte Hühnerbrust von etwa 300 g · 125 g Schweinebauch · 75 g Räucherspeck · 2 Schalotten · 1 Knoblauchzehe · 1 kleiner Bund Petersilie · 2 Zweige frischer Thymian · 50 g geschälte Pistazien · 2 Schnapsgläser trockener Sherry (4 cl) · 1 Ei · 1 Eßl. Sahne · Salz · weißer Pfeffer, frisch gemahlen · Cayennepfeffer · 125 g fetter Speck in dünnen Scheiben · 1 Lorbeerblatt
Pro Portion etwa 1670 Joule/400 Kalorien

- Vorbereitungszeit: etwa 45 Minuten
- Garzeit: etwa 1¾ Stunden

So wird's gemacht: Die Hühnerlebern von Sehnen und Häuten befreien. Die Hühnerbrust häuten und entbeinen. Den Schweinebauch und den Räucherspeck von der Schwarte befreien und grobwürfeln. • Alle diese Zutaten im Blitzhacker pürieren oder zweimal durch den Fleischwolf drehen. • Die Schalotten und die Knoblauchzehe schälen und ganz fein hacken. Die Petersilie und den Thymian waschen, die Blättchen von den Stielen zupfen, trockentupfen und feinhakken. • Die Fleischmasse mit allen diesen Zutaten sowie den Pistazien, dem Sherry, dem Ei und der Sahne zu einem glatten Teig mischen. Den Teig mit Salz, Pfeffer und Cayennepfeffer sehr würzig abschmecken. • Den Backofen auf 180° vorheizen. • Eine Terrinenform mit Deckel oder eine Kasten-Backform mit einem Teil der Speckscheiben auslegen. • Den Fleischteig einfüllen, glattstreichen und die Form einige Male auf die Arbeitsfläche klopfen, damit die Luft möglichst vollkommen entweicht und die Terrine beim Garen nicht löchrig wird. • Das Lorbeerblatt auf die Masse legen und alles mit den restlichen Speckscheiben bedecken. • Den Deckel auf die Form legen (wenn Sie eine Backform verwenden, schließen Sie diese mit Alufolie) und in eine Bratreine stellen. Die Reine mit soviel heißem Wasser füllen, daß die Form etwa zur Hälfte darin steht. • Die Reine in den Backofen stellen und die Geflügelterrine etwa 1¾ Stunden garen, davon die letzten 30 Minuten ohne Deckel. Die Garprobe machen: Ein Holzstäbchen oder eine Stricknadel in die Mitte der Terrine stechen. Wenn nur noch klarer, nicht mehr rötlicher Saft austritt, ist die Terrine gar. • Die Terrine herausnehmen und 10 Minuten abkühlen lassen, dann den Saft weggießen, der sich in der Form gesammelt hat. Die Terrine auf einen Teller stürzen, die Speckscheiben entfernen, die Terrine wieder umdrehen und vollkommen erkalten lassen.

Das paßt dazu: Toast oder Vollkornbrot mit Butter, Essiggurken, Tomaten und Radieschen

Für eine kräftige Brühe können Sie sehr gut auch ein älteres Huhn verwenden; es macht die Suppe sogar besonders schmackhaft. Für Eintöpfe dagegen eignet sich besser junges Geflügel mit zartem, saftigem Fleisch.

Hühnerbrühe

Eine frisch gekochte Hühnerbrühe schmeckt »pur« ganz köstlich und ist – mit einem Schuß trockenem Sherry oder ein paar Kräutern verfeinert – genau der richtige Auftakt zu einem eleganten Menü. Sie können sie jedoch auch mit Fadennudeln, Hühnerfleisch und/oder knapp gegarten Gemüsen anreichern. Außerdem bildet Hühnerbrühe die Grundlage für eine Reihe von edlen Suppen. Hier finden Sie das Grundrezept dafür.

Zutaten für 8 Personen:
1 Suppenhuhn mit Innereien von etwa 1,5 kg · 2 l Wasser · 2 Bund Suppengrün · 1 Zwiebel · 1 Knoblauchzehe · 1 Bund Petersilie · 1 Zweig frischer Thymian oder 1 Teel. getrockneter Thymian · 1 Stück Zitronenschale · 4 weiße Pfefferkörner · 1 Lorbeerblatt · Salz
Pro Portion etwa 315 Joule/75 Kalorien

- Vorbereitungszeit: etwa 5 Minuten
- Garzeit: etwa 1¾ Stunden

So wird's gemacht: Das Suppenhuhn innen und außen gründlich kalt abspülen und mit Herz und Magen in einen Topf legen, der so groß sein sollte, daß Huhn und Gemüse darin gerade Platz haben und vollkommen vom Wasser bedeckt sind. Das Wasser dazugießen und zum Kochen bringen. Die Temperatur herunterschalten und das Huhn bei schwacher Hitze 45 Minuten sieden lassen: In der Brühe sollten immer nur kleine Bläschen aufsteigen; sie darf nicht sprudelnd kochen. Den Topf nicht ganz zudecken, sondern einen Kochlöffel zwischen Topf und Deckel klemmen. Gegebenenfalls heißes Wasser nachgießen, damit das Huhn immer davon bedeckt ist • Während das Huhn gart, das Suppengrün putzen und waschen. Die Zwiebel und die Knoblauchzehe schälen; die Zwiebel halbieren. Die Petersilie und den frischen Thymian waschen. • Alle diese Zutaten mit der Zitronenschale, den Pfefferkörnern und dem Lorbeerblatt zum Huhn geben. Die Brühe salzen und das Huhn weitere 45 Minuten knapp unter dem Siedepunkt garen. • Das Huhn aus der Brühe nehmen und für ein anderes Gericht, beispielsweise einen Geflügelsalat, verwenden. • Die Brühe durch ein mit Küchenpapier ausgelegtes Sieb gießen. Die Innereien, das Suppengrün, die Kräuter und die Gewürze wegwerfen. • Die Hühnerbrühe wieder erhitzen, in Suppentassen verteilen und heiß servieren.

Das paßt dazu: knuspriges Weißbrot oder Käsestangen

Mein Tip Beim Durchsieben der Hühnerbrühe bleibt im Küchenpapier schon der größte Teil des Fettes zurück. Wenn Sie die Brühe ganz fettlos haben wollen, lassen Sie diese erkalten und heben das erstarrte Fett ab. Die Brühe können Sie übrigens gut auf Vorrat kochen und portionsweise einfrieren. Das bietet sich vor allem dann an, wenn Sie für ein Gericht ein entbeintes oder zerlegtes Huhn brauchen: Kochen Sie aus dem Gerippe (der Karkasse), dem Hals, dem fast fleischlosen Rücken, eventuell auch den Flügeln sowie Herz und Magen eine Brühe.

Variante:
Hühnerbrühe mit Markschöberl und Kräutern
1 altbackenes Brötchen in dünne Scheiben schneiden und in 4 Eßlöffeln heißer Milch einweichen. 60 g Rindermark (aus etwa 3 mittelgroßen Markknochen) würfeln und ohne Fettzugabe bei schwacher Hitze ausbraten. Das Mark durch ein feines Sieb geben, die Rückstände wegwerfen. Das abgekühlte Mark mit 40 g Butter schaumig rühren. 2 Eigelbe, das eingeweichte Brötchen und 1 gehäuften Eßlöffel frisch gehackte Petersilie untermischen. Den Teig mit Salz, weißem Pfeffer aus der Mühle und frisch geriebener Muskatnuß abschmecken. Die Eiweiß steif schlagen und unter den Teig ziehen. Eine gefettete Springform mit Mehl ausstäuben, den Teig einfüllen und glattstreichen. Die Markschöberl im vorgeheizten Backofen etwa 15 Minuten bei 200° backen. Aus der Form lösen, abkühlen lassen, in Rauten schneiden und auf 6 Suppenteller verteilen. Etwa 1½ l frisch gekochte, durchgesiebte Hühnerbrühe erhitzen und über die Markschöberl gießen. Die Suppe mit Schnittlauchröllchen, gehacktem, frischem Kerbel und einigen fein geschnittenen Blättchen von Zitronenmelisse bestreuen.

Variante: Chinesische Hühnersuppe
4 große Mu-Err-Pilze und 50 g Glasnudeln getrennt etwa 3 Stunden in kaltem Wasser einweichen. Die Pilze aus dem Wasser nehmen, kalt abspülen und in Streifen schneiden. Das Einweichwasser durch eine Kaffeefiltertüte gießen.
4 Frühlingszwiebeln putzen und mit etwa ⅔ des Zwiebelgrüns in hauchdünne Ringe schneiden. 200 g Krabben kalt abspülen und abtropfen lassen. 1 l frisch gekochte Hühnerbrühe durchsieben und mit dem Einweichwasser der Pilze erneut aufkochen. Die Pilze dazugeben und etwa 2 Minuten garen. Die Krabben in die Suppe geben und nur heiß werden lassen. Die Hühnersuppe mit 2 Schnapsgläsern (4 cl) trockenem Sherry abschmecken. Die Glasnudeln abgießen und mit den Frühlingszwiebeln in eine Terrine geben. Die Suppe darübergießen.

Variante: Hühnerbrühe mit Käseklößchen
30 g weiche Butter mit 1 Prise Salz, frisch geriebener Muskatnuß und 30 g frisch geriebenem Emmentaler Käse schaumig rühren. Zuerst 1 Ei, dann abwechselnd 50 g Mehl und 40 g Grieß unterrühren. Den Teig 30 Minuten zugedeckt stehen lassen, damit Mehl und Grieß quellen können. Von dem Teig mit zwei Teelöffeln Klößchen abstechen, diese in 1 l frisch gekochte, durchgesiebte Hühnerbrühe geben und darin bei schwacher Hitze etwa 15 Minuten garen. Die Suppe mit Schnittlauchröllchen bestreuen.

Kohlrabisuppe mit Kerbel

750 g Kohlrabi · 1 Schalotte · 20 g Butter · ¾ l Hühnerbrühe · ¼ l Sahne · Salz · weißer Pfeffer, frisch gemahlen · 1 Prise Cayennepfeffer · 1 Handvoll frischer Kerbel
Pro Portion etwa 1110 Joule/265 Kalorien

- Vorbereitungszeit: etwa 10 Minuten
- Garzeit: etwa 30 Minuten

So wird's gemacht: Die Kohlrabiblätter abschneiden und nur die welken gelben Blätter wegwerfen. Die anderen waschen, von den dikken Rippen befreien und in Streifen schneiden. Die Kohlrabi halbieren, schälen, waschen und kleinwürfeln. Die Schalotte schälen und ebenfalls sehr fein würfeln. • Die Butter erhitzen und die Schalotte darin glasig braten. Die Kohlrabi und die -blätter dazugeben und anbraten. • Die Hühnerbrühe dazugießen, einmal aufkochen lassen und das Gemüse dann zugedeckt bei schwacher Hitze in etwa 30 Minuten sehr weich kochen. • Die Suppe mit dem Pürierstab des Handrührgerätes oder im Mixer pürieren und die Sahne untermischen. Die Kohlrabisuppe mit Salz, Pfeffer und Cayennepfeffer würzen und noch einmal erhitzen. • Den Kerbel waschen, trockentupfen, sehr fein hacken und über die Suppe streuen.

Das paßt dazu: In Knoblauchbutter geröstete Roggenbrotwürfel

Variante: Brennesselsuppe
100 g junge Brennesseln verlesen, waschen, trokkentupfen und ganz fein zerkleinern. 1 Schalotte schälen und feinhacken. 250 g mehlig kochende Kartoffeln schälen, waschen und feinwürfeln. 20 g Butter zerlassen und die Schalotte darin glasig braten. DieKartoffeln sowie 1¼ l Hühnerbrühe dazugeben. Alles zugedeckt bei schwacher Hitze etwa 15 Minuten kochen, bis die Kartoffeln weich sind. Die Suppe pürieren. Die Brennnesseln und 1 Becher Crème fraîche (200 g) untermischen, die Suppe noch einmal erhitzen und mit Salz und frisch gemahlenem weißem Pfeffer abschmecken.

Variante: Gerstensuppe mit Huhn und Lauch
60 g grob geschrotete Gerstenkörner in etwa 20 g Butter unter Rühren anbraten. 1 l Hühnerbrühe dazugießen, die Suppe einmal aufkochen und dann zugedeckt bei schwacher Hitze 20 Minuten köcheln lassen. Inzwischen 1 doppelte Hühnerbrust häuten, entbeinen und quer zur Faser in feine Streifen schneiden. 250 g Lauch (Porree) putzen, waschen und mit etwa ⅔ des Lauchgrüns in feine Ringe schneiden. Das Fleisch in die Suppe geben und etwa 3 Minuten garen. Den Lauch dazugeben und in der Suppe nur erhitzen. Die Suppe mit Salz und 1 kräftigen Prise Cayennepfeffer abschmecken.

Variante: Griechische Zitronensuppe
50 g Langkornreis in 1¼ l Hühnerbrühe bei schwacher Hitze körnig ausquellen lassen. Etwa 500 g gegartes, in mundgerechte Stücke geschnittenes Hühnerfleisch darin heiß werden lassen. ⅛ l Sahne mit 2 Eigelben verquirlen, mit etwas Suppe verrühren und die Suppe damit binden. Sie darf jetzt nicht mehr kochen, sonst gerinnen dic Eigelbe. Die Suppe mit dem Saft von 1 kleinen Zitrone, weißem Pfeffer aus der Mühle und eventuell Salz abschmecken und mit 1 Eßlöffel feingehackter Zitronenmelisse oder Petersilie bestreut servieren.

Kalte Avocadosuppe

½ Zitrone · 2 reife Avocados von je etwa 250 g · ¼ l kalte Hühnerbrühe · ¼ l Sahne · Salz · weißer Pfeffer, frisch gemahlen · ¼ Kästchen Gartenkresse oder 1 Eßl. Petersilie, frisch gehackt
Pro Portion etwa 1105 Joule/265 Kalorien

- Zubereitungszeit: etwa 10 Minuten
- Kühlzeit: etwa 2 Stunden

So wird's gemacht: Die Zitrone auspressen. Die Avocados halbieren, entsteinen, das Fruchtfleisch herauslösen und mit dem Zitronensaft und der Hühnerbrühe übergießen und pürieren. • Das Avocadopüree mit der Hälfte der Sahne mischen. Die restliche Sahne steif schlagen und mit dem Schneebesen unter die Suppe zie-

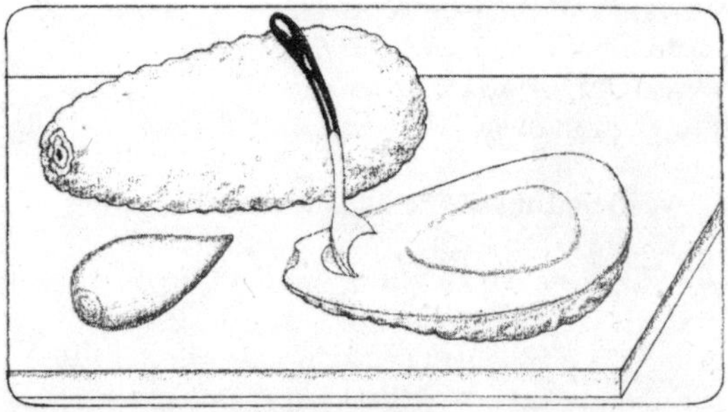

Die Avocado wird aufgeschnitten, vom Stein befreit und das Fleisch mit einem Teelöffel herausgehoben.

hen. • Die Suppe mit Salz und Pfeffer abschmekken und etwa 2 Stunden zugedeckt in den Kühlschrank stellen. • Die Kresse mit einer Küchenschere abschneiden und die Suppe vor dem Servieren damit bestreuen.

Das paßt dazu: geröstete Roggenbrotscheiben mit Knoblauchbutter

Variante: Kalte Spinatsuppe
500 g frischen Spinat verlesen, waschen und abtropfen lassen. 1 Schalotte und 1 Knoblauchzehe schälen und ganz fein hacken. 20 g Butter zerlassen, die Schalotte und den Knoblauch darin unter Rühren glasig braten. Den Spinat dazugeben und so lange mitbraten, bis er zusammenfällt. ½ l Hühnerbrühe dazugießen und die Suppe pürieren. 1 Becher Crème fraîche (200 g) untermischen. Die Suppe mit Salz, frisch gemahlenem weißem Pfeffer und Muskatnuß abschmecken, erkalten lassen und kühlen.

Brotsuppe mit Steinpilzen

1 Päckchen getrocknete Steinpilze (etwa 10 g) · ¼ l Wasser · 150 g dunkles Roggenbrot · 1 Bund Suppengrün · 30 g Butter · 1 l Hühnerbrühe · 1 Zwiebel · 1 Knoblauchzehe · 5 Zweige frischer Thymian oder 1 Teel. getrockneter Thymian · ½ Becher Crème fraîche (100 g) · Salz · weißer Pfeffer, frisch gemahlen
Pro Portion etwa 1105 Joule/265 Kalorien

- Vorbereitungszeit einschließlich Ruhezeit: etwa 3½ Stunden
- Garzeit: etwa 30 Minuten

So wird's gemacht: Die Steinpilze mit dem Wasser übergießen und 3 Stunden zugedeckt einweichen. Die Pilze herausnehmen und kalt abspülen. Das Einweichwasser durch eine Kaffeefiltertüte gießen. • Das Brot in dünne Scheiben schneiden. Das Suppengrün putzen, waschen und fein zerkleinern. • Die Hälfte der Butter erhitzen und das Suppengrün unter Rühren darin anbraten. Das Brot, die Hühnerbrühe und das Einweichwasser der Pilze dazugeben, alles einmal aufkochen und zugedeckt bei schwacher Hitze 30 Minuten kochen lassen. • Inzwischen die Zwiebel und die Knoblauchzehe schälen. Die Zwiebel in dünne Ringe schneiden, den Knoblauch feinwürfeln. Den Thymian waschen, trockentupfen und die Blättchen abstreifen. • Die restliche Butter erhitzen. Die Zwiebelringe und den Knoblauch darin bei mittlerer Hitze glasig braten. Die Steinpilze und den Thymian dazugeben und etwa 3 Minuten mitbraten. • Die Brotsuppe pürieren. • Die Crème fraîche und die gebratenen Pilze untermischen. Die Suppe mit Salz und Pfeffer abschmecken.

Currysuppe mit Mandeln

Bild Seite 10

Diese feine Suppe schmeckt sehr gut als Auftakt zu einem festlichen Menü. Verwenden Sie bitte nur Currypulver von bester Qualität.

30 g Naturlangkornreis · 1 Schalotte · 40 g Butter · 30 g Mandeln, frisch gerieben · 2 Eßl. Currypulver · ¾ l Hühnerbrühe · ¼ l Sahne · 2 Eigelbe · 5 cl trockener Sherry · 1 Eßl. Zitronensaft · Salz · Cayennepfeffer · 200 g gegartes Hühnerfleisch
Pro Portion etwa 1950 Joule/465 Kalorien

- Vorbereitungszeit: etwa 5 Minuten
- Garzeit: etwa 20 Minuten

So wird's gemacht: Den Naturreis mehlfein mahlen. Die Schalotte schälen und sehr fein hakken. • Die Butter heiß werden lassen und die

Schalotte darin bei mittlerer Hitze unter Rühren glasig braten. Das Reismehl, die Mandeln und das Currypulver darüberstäuben, unter Rühren nur einige Sekunden anrösten und die Hühnerbrühe langsam dazugießen. • Die Suppe einmal aufkochen und zugedeckt bei schwacher Hitze 10 Minuten köcheln lassen. • Etwa ⅔ der Sahne mit den Eigelben verquirlen. Die restliche Sahne steif schlagen. • Die Currysuppe mit dem Sherry, dem Zitronensaft, Salz und Cayennepfeffer abschmecken und mit der Eiersahne legieren.
• Das Hühnerfleisch in Stücke schneiden und in die Suppe geben. Die Suppe noch einmal bis knapp unter den Siedepunkt erhitzen; sie darf jedoch nicht aufkochen, sonst gerinnen die Eigelbe. • Die geschlagene Sahne unterziehen und die Suppe sofort servieren.

Das paßt dazu: Toastbrot oder Baguette

Mein Tip Wenn Sie die Suppe als Bestandteil eines kompletten Menüs servieren, reicht sie für 6 Personen.

Hühnertopf mit Kichererbsen und Kartoffeln

250 g Kichererbsen · 1 l Wasser · 2 Bund Suppengrün · 1 große Zwiebel · 2 Lorbeerblätter · 4 Gewürznelken · 4 schwarze Pfefferkörner · 250 g mehlig festkochende Kartoffeln · 4 Hühnerkeulen von je etwa 220 g · Salz · schwarzer Pfeffer, frisch gemahlen · 2 Eßl. Himbeeressig · 2 Eßl. Petersilie, frisch gehackt

Pro Portion etwa 2485 Joule/595 Kalorien

- Vorbereitungszeit einschließlich Ruhezeit: etwa 12 Stunden
- Garzeit: etwa 2 Stunden

So wird's gemacht: Die Kichererbsen mit dem Wasser bedeckt 12 Stunden einweichen. • Das Suppengrün putzen, waschen und würfeln. Die Zwiebel schälen und halbieren. Jede Hälfte einmal tief ein-, aber nicht durchschneiden. In jeden Einschnitt ein Lorbeerblatt stecken, und die Hälften mit den Gewürznelken spicken. • Das Suppengrün, die Zwiebelhälften und die Pfefferkörner zu den eingeweichten Kichererbsen geben. Alles einmal aufkochen und zugedeckt bei schwacher Hitze 1 Stunde köcheln lassen. • Die Kartoffeln schälen, waschen und würfeln. Mit den Hühnerkeulen zu den Kichererbsen geben und alles weitere 30 Minuten garen. • Die Zwiebelhälften herausnehmen, den Eintopf mit Salz, Pfeffer und dem Himbeeressig abschmecken und mit der Petersilie bestreut anrichten.

Hühnertopf mit Nudeln und Liebstöckel

Dieser kräftige Eintopf schmeckt am besten mit Hühnerkeulen und bekommt durch frisches Liebstöckel eine ungewöhnlich pikante Note. Wenn Sie das kräftige Aroma des »Maggikrauts« nicht mögen, ersetzen Sie es einfach durch Petersilie und eventuell noch einige Sellerieblättchen.

2 Suppenknochen · 1 l Wasser · 1 Bund Suppengrün · 1 Petersilienwurzel · 1 Zwiebel · 4 Hühnerkeulen von je etwa 220 g · 2 Gewürznelken · 1 Lorbeerblatt · 4 schwarze Pfefferkörner · Salz · 400 g Weizenkeim- oder Vollkornbandnudeln · 1–2 Handvoll Liebstöckel-Blättchen

Pro Portion etwa 2165 Joule/515 Kalorien

- Vorbereitungszeit: etwa 5 Minuten
- Garzeit: etwa 1½ Stunden

So wird's gemacht: Die Suppenknochen kalt abspülen, in einen Topf legen, mit dem Wasser übergießen und einmal aufkochen. Die Knochen zugedeckt bei schwacher Hitze etwa 30 Minuten leise sieden lassen. • Inzwischen das Suppengrün putzen. Die Petersilienwurzel und die Zwiebel schälen. Diese Zutaten mit den Hühnerkeulen, den Gewürznelken, dem Lorbeerblatt und den Pfefferkörnern zu den Knochen geben. Die Brühe salzen. • Die Hühnerkeulen in etwa 30 Minuten gar ziehen lassen, herausnehmen, häuten, entbeinen und in mundgerechte Stücke schneiden. • Die Brühe durch ein mit Küchenpapier ausgelegtes Sieb gießen. Die Knochen, das Gemüse und die Gewürze wegwerfen. • Die Brühe wieder zum Kochen bringen und die Nudeln darin bißfest garen. • Das Liebstöckel waschen, trockentupfen und grob zerkleinern. • Das Fleisch und das Liebstöckel unter die Nudeln mischen und alles noch einmal erhitzen.

Variante: Hühnertopf mit Frühlingsgemüse
1 Bund Suppengrün putzen und waschen. 1 Petersilienwurzel, 1 Zwiebel und 1 Knoblauchzehe schälen. Diese Zutaten mit 1 Huhn von etwa 1,4 kg, je 1 Zweig Thymian und Estragon, 2 Gewürznelken, 1 Lorbeerblatt, 4 weißen Pfefferkörnern und 1 Zitronenscheibe in einen Topf geben. Etwa 1¾ l Wasser zugießen. Das Huhn einmal aufkochen und dann knapp unter dem Siedepunkt etwa 40 Minuten garen lassen. Inzwischen 500 g grüne Spargelstangen putzen, nur am unteren Ende schälen und in etwa 5 cm lange Stükke schneiden. 300 g frischen Spinat verlesen, waschen und abtropfen lassen. 100 g braune Egerlinge putzen, gegebenenfalls waschen, und blättrig schneiden. Die Pilze sofort mit dem Saft von ½ Zitrone beträufeln. Das gegarte Huhn herausnehmen, häuten und entbeinen. Das Fleisch in mundgerechte Stücke teilen. Die Egerlinge unter Rühren in ½ Eßlöffel Butter anbraten. Den Spargel und 250 g grüne Bandnudeln in die Suppe geben und in etwa 5 Minuten bißfest garen. Die Pilze, den Spinat und das Fleisch hinzufügen und erhitzen, aber nicht mehr kochen lassen. Den Eintopf mit Salz abschmecken und mit reichlich frisch gehacktem Basilikum und Schnittlauchröllchen bestreut servieren.

Risotto mit Huhn und Pilzen

500 g braune Egerlinge · Saft von 1 Zitrone · 3 Tomaten · 1 Zwiebel · 1 doppelte Hühnerbrust von etwa 240 g · 1 Rindermarkknochen · 50 g Butter · 400 g Rundkornreis · etwa 1 l Hühnerbrühe (Instant oder selbstgekocht, Rezept Seite 13) · 1 Bund Petersilie · 2 Zweige frischer Thymian · 60 g Parmesan, frisch gerieben · Salz · weißer Pfeffer, frisch gemahlen
Pro Portion etwa 1945 Joule/465 Kalorien

- Vorbereitungszeit: etwa 15 Minuten
- Garzeit: etwa 1 Stunde

So wird's gemacht: Die Pilze putzen, gegebenenfalls waschen, blättrig schneiden und sofort mit dem Zitronensaft beträufeln. • Die Tomaten mit kochendem Wasser übergießen, häuten, von den Stielansätzen und den Kernen befreien und in

Weltberühmt und beliebt bei allen, die Geflügelgerichte schätzen, ist Ente mit Orangen, Feinschmeckern sicher als »Canard à l'orange« bekannt. Rezept Seite 26.

kleine Stücke schneiden. • Die Zwiebel schälen und feinhacken. • Die Hühnerbrust häuten, entbeinen und in Streifen schneiden. • Das Rindermark aus dem Knochen lösen, alle Knochensplitter und Äderchen mit einem spitzen Messer entfernen. Das Mark würfeln. • Etwa ⅓ der Butter erhitzen und das Rindermark bei mittlerer Hitze unter Rühren darin ausbraten. • Den Reis dazugeben und so lange mitbraten, bis die Körner vom Fett überzogen sind. • Die Hälfte der Brühe dazugießen, den Reis einmal aufkochen und zugedeckt bei schwacher Hitze etwa 40 Minuten garen. Dabei die restliche Butter nach und nach hinzugießen und den Reis immer wieder mit einer Gabel durchrühren, damit der Risotto richtig sämig wird. • Inzwischen das zweite Drittel der Butter erhitzen und die Pilze bei starker Hitze darin unter Rühren braten, bis die Flüssigkeit, die sich bildet, wieder verdampft ist. • Die restliche Butter in einer zweiten Pfanne erhitzen und das Hühnerfleisch darin bei mittlerer Hitze unter ständigem Wenden rundherum etwa 3 Minuten braten. • Die Petersilie und den Thymian waschen und trockentupfen. Die Petersilie feinhacken, die Thymianblättchen abstreifen. • Den Reis mit den Pilzen, dem Fleisch und den Kräutern mischen und noch einmal erhitzen. • Den Parmesan mit einer Gabel unter den Risotto ziehen. • Den Risotto mit Salz und Pfeffer abschmecken und sofort servieren.

Diesem pikanten Hähnchentopf sind Sie schon auf der Titelseite begegnet. Auch ohne Tomaten ist er ein ausgesprochen reizvolles, auch für die Gästebewirtung gut geeignetes Gericht. Rezept Seite 29.

Putenragout mit Auberginen und Tomaten

500 g Auberginen · Salz · 500 g Tomaten · 1 Zwiebel · 2 Knoblauchzehen · 750 g Putenbrust · knapp ⅛ l Olivenöl · 1 Eßl. provenzalische Kräutermischung · schwarzer Pfeffer, frisch gemahlen · 1 Eßl. Zitronensaft
Pro Person etwa 1580 Joule/375 Kalorien

- Vorbereitungszeit: etwa 15 Minuten
- Garzeit: etwa 45 Minuten

So wird's gemacht: Die Auberginen waschen, abtrocknen, von den Stielansätzen befreien und in etwa 2 cm große Würfel schneiden. Die Würfel mit Salz bestreuen und etwa 10 Minuten ziehen lassen. • Die Tomaten häuten und in Stücke schneiden, dabei die Stielansätze und die Kerne entfernen. • Die Zwiebel und die Knoblauchzehen schälen und hacken. • Die Putenbrust trokkentupfen und in gulaschgroße Stücke schneiden. • Etwa ⅓ des Öls erhitzen. Die Fleischwürfel bei starker Hitze portionsweise darin anbraten, jeweils wieder herausnehmen und auf ein Sieb geben. Unter das Sieb eine Schüssel stellen, damit sich der Fleischsaft sammeln kann. • Das restliche Öl in den Topf geben und die abgetupften Auberginenwürfel darin anbraten. Die Zwiebel und den Knoblauch dazugeben und kurz mitbraten. Die Tomaten untermischen und die provenzalische Kräutermischung darüberstreuen. Alles einmal aufkochen und zugedeckt bei schwacher Hitze etwa 10 Minuten garen. • Das Fleisch mit dem Fleischsaft hinzufügen und weitere 10 Minuten zugedeckt schmoren lassen.
• Den Eintopf mit Salz, Pfeffer und dem Zitronensaft abschmecken.

Das paßt dazu: Stangenweißbrot oder Schrotbrötchen und eventuell Salat

Schon immer wurde Geflügel als besonderer Genuß an hohen Festtagen wie Erntedank oder Weihnachten serviert. Ob Gans oder Ente, Brathuhn oder Puter – alle diese Braten wecken allein durch ihren Anblick die Lust am Essen.

Brathähnchen

Ein knusprig gebratenes Hähnchen ist eine Delikatesse, sofern Sie beim Kauf des Geflügels auf Qualität achten: Verzichten Sie besser auf die schnell gezüchteten Brathähnchen aus den Tiefkühltruhen der Supermärkte und sehen Sie sich bei Geflügelhändlern, den Lebensmittelabteilungen großer Warenhäuser oder – wenn möglich – beim Bauern um. Inzwischen werden nämlich auch wieder freischarrende, mit Körnern gefütterte Tiere angeboten, die zwar nicht gerade billig sind, deren Fleisch aber wirklich köstlich schmeckt.

1 junges Hähnchen oder Huhn von etwa 1,6 kg · Salz · weißer Pfeffer, frisch gemahlen · 1 Eßl. Öl · 1 Eßl. Butter
Pro Portion etwa 2000 Joule/475 Kalorien

- Vorbereitungszeit: etwa 10 Minuten
- Garzeit: etwa 1¼ Stunden

So wird's gemacht: Den Backofen auf 250° vorheizen. • Das Huhn innen und außen unter fließendem Wasser gründlich abspülen, dabei auch alle Lungen- und Blutreste entfernen. Das Huhn sehr gut trockenreiben. • Salz und Pfeffer auf einem Teller mischen. Das Huhn innen und außen damit bestreuen und die Würzmischung kräftig in die Haut einmassieren. • Das Öl bei schwacher bis mittlerer Hitze nur so heiß werden lassen, daß die Butter darin zerläuft. • Das Huhn rundherum mit der Hälfte der Öl-Butter-Mischung bestreichen und zuerst mit der einen Brustseite nach unten so in einen Bräter legen, daß es mit der Keule abgestützt ist. Den Bräter in den heißen Backofen auf die zweite Schiene von unten stellen und das Huhn etwa 25 Minuten braten, dann auf die andere Brustseite legen und weitere 25 Minuten braten. • Das Huhn jetzt mit der Brust nach oben auf den Rost legen und den Bräter darunterschieben, damit sich das abtropfende Fett darin sammeln kann. Das Huhn mit der restlichen Butter-Öl-Mischung bepinseln und noch einmal etwa 10–15 Minuten braten. • Für die Garprobe eine dünne Stricknadel in die dickste Stelle des Schenkels stechen: Wenn nur noch klarer Saft ausläuft, ist das Huhn gar.

Das paßt dazu: gemischter Salat und Brot

Variante: Brathähnchen mit Apfelglasur
Das Hähnchen wie oben beschrieben vorbereiten und braten. 2 Eßlöffel Apfelgelee mit 2 Eßlöffeln Zitronensaft, 1 Eßlöffel scharfem Senf und Sambal oelek oder Cayennepfeffer nach Geschmack verrühren. Das Brathähnchen während der letzten 10 Minuten Bratzeit rundherum immer wieder mit der Glasur bestreichen.

Gefülltes Hähnchen

Grünkern als Füllung für Geflügel erscheint Ihnen vielleicht ungewöhnlich. Probieren Sie es trotzdem, denn gerade Körner machen die Farce so aromatisch und saftig.

50 g Grünkern · Wasser · 1 Hähnchen oder Huhn von etwa 1,5 kg · 1 Schalotte oder kleine Zwiebel · 1 Knoblauchzehe · 1 Bund Petersilie · 1 Ei · Salz · schwarzer Pfeffer, frisch gemahlen · eventuell 1 Eßl. Semmelbrösel · 1 Eßl. Öl · 1 Eßl. Zitronensaft
Pro Person etwa 2035 Joule/485 Kalorien

- Vorbereitungszeit einschließlich Ruhezeit: etwa 12 Stunden
- Garzeit: etwa 1¾ Stunden

So wird's gemacht: Für die Füllung den Grünkern mit Wasser bedecken und etwa 12 Stunden zugedeckt quellen lassen. Den Grünkern abgießen und abtropfen lassen. • Die Innereien aus der Bauchöffnung des Huhns nehmen und kalt abspülen. Die Leber und das Herz sorgfältig von Fett, Adern und Sehnen befreien und kleinwürfeln (der Magen wird für dieses Gericht nicht gebraucht). • Die Schalotte und die Knoblauchzehe schälen und feinhacken. Die Petersilie waschen, die Blättchen abzupfen, trockentupfen und ebenfalls fein zerkleinern. • Den Grünkern mit den gewürfelten Innereien, der Schalotte, der Zwiebel, dem Knoblauch, der Petersilie und dem Ei mischen. Die Füllung mit Salz und Pfeffer abschmecken. Sollte die Masse zu flüssig sein, die Semmelbrösel untermischen. • Den Backofen

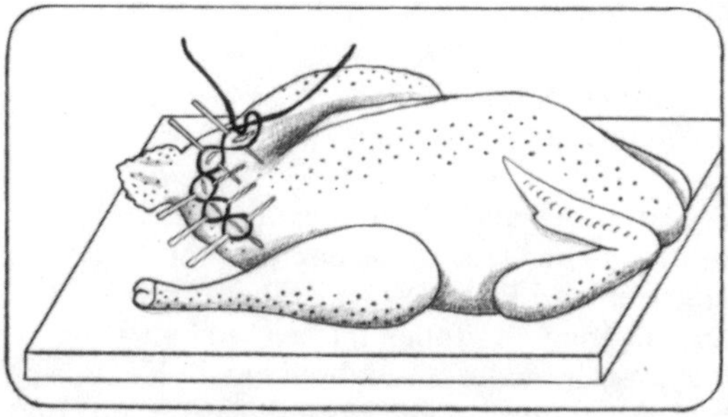

Mit Hilfe von Zahnstochern und Küchengarn läßt sich die Bauchöffnung von Geflügel gut verschließen.

auf 200° vorheizen. • Das Huhn innen und außen kalt abspülen, austropfen lassen und trokkenreiben. • Salz und Pfeffer in einem Schälchen mischen. Das Huhn damit rundherum und auch in der Bauchöffnung bestreuen und die Würzmischung kräftig in die Haut massieren. • Die Füllung in das Huhn geben. Sie sollten das Huhn jedoch nicht zu fest stopfen, denn die Füllung dehnt sich beim Braten etwas aus, wodurch die Haut des Huhns platzen könnte. Die Bauchöffnung mit vier Zahnstochern schließen: Dazu die Zahnstocher waagerecht wie Stopfnadeln durch die Haut stecken. Ein Stück Küchengarn kreuzweise wie einen Schnürsenkel um die Zahnstocher legen und zum Knoten binden. • Das Öl und den Zitronensaft mischen und das Huhn rundherum damit bepinseln. • Das Huhn mit der Brust nach oben in einen Bräter legen, 30 Minuten braten, wenden und noch einmal 30 Minuten braten. Das Huhn jetzt auf dem Rost in weiteren 30 Minuten braun und knusprig werden lassen. Während der gesamten Bratzeit muß das Huhn sehr häufig mit der Mischung aus Fett und Bratensaft bestrichen werden, die sich im Bräter sammelt. • Das Huhn in 8 Stücke tranchieren und mit der Füllung auf einer vorgewärmten Platte anrichten.

Das paßt dazu: gemischter Salat

Variante: Huhn mit Äpfeln und Zwiebeln
Leber und Herz eines Huhns oder Hähnchens von etwa 1,5 kg wie oben beschrieben vorbereiten und kleinschneiden. 1 säuerlichen Apfel vierteln, vom Kerngehäuse befreien, schälen und feinwürfeln. 2 Frühlingszwiebeln putzen und mit etwa ⅔ des Zwiebelgrüns in dünne Ringe schneiden. 1 Eßlöffel Butter erhitzen. Zuerst die Zwiebeln und den Apfel darin glasig braten. Die Innereien dazugeben und unter Rühren mitbraten, bis sie sich grau färben. 1 Eßlöffel getrockneten Majoran untermischen. Die Füllung mit Salz und frisch gemahlenem weißem Pfeffer würzen und lauwarm abgekühlt in das vorbereitete, gewürzte Huhn füllen. Das Huhn verschließen und wie beschrieben braten.

Gebratene Ente

1 junge Ente von etwa 2 kg · Salz · schwarzer Pfeffer, frisch gemahlen · 1 Eßl. getrockneter Beifuß · ⅛ l heißes Wasser · ⅛ l Malzbier
Pro Person etwa 2815 Joule/670 Kalorien

- Vorbereitungszeit: etwa 10 Minuten
- Garzeit: etwa 2 Stunden

So wird's gemacht: Den Backofen auf 200° vorheizen. • Die Ente ebenso wie die Gans im nebenstehenden Rezept zum Braten vorbereiten und mit Salz und Pfeffer einreiben. Den Beifuß in den Bauch der Ente geben. • Die Ente mit der Brust nach unten in einen Bräter legen, in den heißen Backofen schieben und 35 Minuten braten. • Die Ente wenden und die Haut unterhalb der Keulen einstechen, ohne die Fleischfasern zu verletzen. Das heiße Wasser an den Seiten hinzugießen. • Die Ente weitere 50 Minuten braten, dabei das Fett etwa alle 10 Minuten abschöpfen und die Ente mit dem Bratensaft übergießen, der sich am Boden des Bräters sammelt. • Die Ente aus dem Bräter nehmen, auf den Rost legen und wieder in den Ofen schieben. Den Bräter unter die Ente stellen, damit sich der abtropfende Saft darin sammelt. • Die Ente noch einmal 25 Minuten braten und dabei sehr häufig mit dem Malzbier bestreichen, damit die Haut schön braun und knusprig wird. • Die Ente tranchieren und warm halten. • Die Sauce nach Wunsch entfetten. Den Bratensatz mit einem Holzlöffel abschaben. Die Sauce gesondert zur Ente reichen.

Das paßt dazu: Kartoffelklöße und Salat

Variante: Gefüllte Ente
Für die Füllung 100 g braune Egerlinge putzen, waschen und blättrig schneiden. 2 Scheiben entrindetes Toastbrot in ⅛ l heißer Milch einweichen. 1 Schalotte oder kleine Zwiebel feinhacken und in 1 Eßlöffel Butter glasig braten. Die Pilze und 100 g tiefgefrorene Erbsen dazugeben und unter Rühren mitschmoren, bis die Flüssigkeit, die sich gebildet hat, wieder verdampft ist. Alles lauwarm abkühlen lassen, dann mit dem Brot, 1 Ei, 1 Eßlöffel feingeriebenem Schwarzbrot und 2 Eßlöffeln frisch gehackter Petersilie mischen und mit Salz und weißem Pfeffer aus der Mühle pikant abschmecken. Eine vorbereitete, gewürzte Ente damit füllen, zunähen und wie beschrieben insgesamt etwa 2¼ Stunden braten.

Gebratene Gans

Zutaten für 6–8 Personen:
1 junge Gans von etwa 4 kg · Salz · schwarzer Pfeffer, frisch gemahlen · 1 Zwiebel · 1 Möhre · ¼ l Wasser · 1 Teel. getrockneter Beifuß oder Thymian · knapp ⅛ l dunkles Bier
Bei 6 Personen pro Portion etwa 2510 Joule/600 Kalorien

- Vorbereitungszeit: etwa 30 Minuten
- Garzeit: etwa 2¼ Stunden

So wird's gemacht: Den Backofen auf 200° vorheizen. • Die Gans zum Braten vorbereiten: Alle Härchen und Federreste mit einer Pinzette entfernen. Die Gans innen und außen kalt abspülen, austropfen lassen und mit einem Küchentuch innen und außen trockenreiben. • Salz und Pfeffer auf einem Teller mischen. Die Gans innen und außen damit einreiben. • Die Zwiebel und die Möhre schälen. • Das Wasser zum Kochen bringen und mit 1 kräftigen Prise Salz würzen. • Die Gans mit der Brust nach unten in einen Bräter legen, die Zwiebel und die Möhre dazulegen und die Gans mit dem kochendheißen Wasser übergießen. Den Beifuß oder den Thymian zwischen zwei Fingern zerreiben und an den Seiten der Gans in den Bräter streuen. • Den

Bräter in den heißen Backofen schieben und die Gans 50 Minuten braten, bis das Fett beginnt, auszutreten. • Die Gans nun umdrehen, so daß sie mit den Keulen nach oben im Bräter liegt. Die Haut seitlich unterhalb der Keulen mehrmals einstechen, damit die Fettschicht unter der Haut weiter ausbraten und das flüssige Fett abtropfen kann. Achten Sie beim Einstechen darauf, daß Sie die Fleischfasern nicht verletzen: Die Gans wird sonst trocken. • Die Gans weitere 50 Minuten braten. Während dieser Zeit muß das Fett, das sich in dem Bräter sammelt, etwa alle 10 Minuten abgeschöpft und die Gans mit dem Bratensaft begossen werden. Auf diese Weise brät die Fettschicht fast vollkommen aus. • Den Backofen auf 240° schalten. • Die Gans auf den Rost legen, den Bräter darunterschieben, und die Gans weitere 30 Minuten bräunen lassen, dabei immer wieder mit dem Bier bepinseln. • Die Gans herausnehmen, tranchieren und auf einer vorgewärmten Platte im Backofen warm halten. • Die Sauce so gut wie möglich entfetten und den Bratensatz mit einem Holzlöffel abschaben. • Die Sauce zur Gans servieren.

Das paßt dazu: Kartoffelklöße, Rotkraut oder Rosenkohl und ein beliebiger Salat

Variante: Gänsebraten mit Maronen und Äpfeln
Die Schalen von 500 g Maronen kreuzweise einschneiden, mit der eingeritzten Seite nach oben auf ein Backblech legen und im vorgeheizten Backofen bei 250° 10–15 Minuten rösten, bis die Schalen aufplatzen. Die Maronen schälen und halbieren. 500 g säuerliche Äpfel vierteln, vom Kerngehäuse befreien, schälen und würfeln. 1 Zwiebel schälen und hacken. Die Leber der Gans von Fett und Sehnen befreien und kleinschneiden. 1 Eßlöffel Butter zerlassen. Die Maronen darin rundherum anbraten. 5 Eßlöffel trockenen Weißwein oder Wasser dazugießen, die Maronen darin halbweich dünsten. Die Äpfel, die Zwiebel, die Leber und ½ Eßlöffel getrockneten Majoran daruntermischen. Die Füllung in die vorbereitete und gewürzte Gans geben und die Öffnung mit Küchengarn zunähen. Die Gans wie oben beschrieben insgesamt 2½ bis 3 Stunden braten.

Variante:
Gänsebraten mit Sauerkraut und Ananas
500 g Sauerkraut mit 1 feingewürfelten Zwiebel in 1 Eßlöffel Butter- oder Gänseschmalz anbraten. ⅛ l trockenen Weißwein hinzugießen und das Sauerkraut 30 Minuten dünsten. Inzwischen 250 g geschälte, frische Ananas in kleine Stücke schneiden. Das Sauerkraut mit der Ananas, 2 zerdrückten Wacholderbeeren und 1 zerriebenen Lorbeerblatt mischen. Die Gans damit füllen, zunähen und 2½ bis 3 Stunden braten.

Variante: Gänsebraten mit Backobst
300 g gemischtes Backobst mit ⅛ l trockenem Rotwein übergießen und etwa 12 Stunden zugedeckt quellen lassen. Das Obst dann abtropfen lassen – die Flüssigkeit dabei auffangen – und mit der abgeriebenen Schale von ½ unbehandelten Orange und ¼ Teelöffel Zimt mischen. Die Gans damit füllen, zunähen und wie beschrieben braten, jedoch mit der Einweichflüssigkeit der Backpflaumen statt mit Bier bepinseln.

Gebratener Puter

Zutaten für 8–10 Personen:
1 junger Puter von etwa 3,5 kg · Salz · weißer Pfeffer, frisch gemahlen · 1 unbehandelte Zitrone · 1 Bund Petersilie · 125 g Butter · ¼ l heiße Hühnerbrühe (Instant)
Bei 8 Personen pro Portion etwa 2860 Joule/ 680 Kalorien

- Vorbereitungszeit: etwa 20 Minuten
- Garzeit: etwa 2½ Stunden

So wird's gemacht: Den Backofen auf 220° vorheizen. • Den Puter innen und außen kalt abspülen und trockenreiben. • Salz und Pfeffer auf einem Teller mischen und den Puter rundherum damit einreiben. Die Bauchhöhle ebenfalls mit der Würzmischung ausstreuen. • Die Zitrone und die Petersilie waschen und abtrocknen beziehungsweise trockentupfen. Die Zitrone mit einer Stopfnadel mehrmals einstechen und zusammen mit der Petersilie in den Bauch des Puters geben. • Die Flügel des Puters nach hinten biegen und auf dem Rücken des Tieres verschränken. Die Keulen mit Küchengarn fest zusammenbinden. • Die Butter zerlassen, den Puter rundherum mit einem Teil davon bestreichen und mit der Brust nach unten in einen Bräter legen. Die kochendheiße Hühnerbrühe an den Seiten hinzugießen. • Den Bräter in den heißen Backofen schieben, und den Puter 45 Minuten

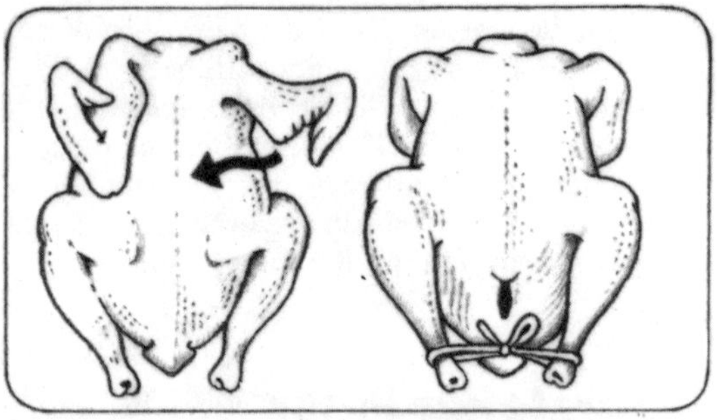

So wird Geflügel dressiert. Die Flügel werden nach hinten gebogen und hinter dem Rücken verschränkt, die Keulen mit Garn zusammengebunden.

braten. • Den Puter umdrehen, erneut mit etwas Butter bestreichen und weitere 45 Minuten braten. Dabei etwa alle 10 Minuten mit der restlichen Butter und der Flüssigkeit, die sich am Boden des Bräters sammelt, bepinseln. • Den Backofen auf 240° schalten. • Den Puter auf den Rost legen, den Bräter darunterschieben und den Puter in etwa 30 Minuten bräunen lassen. Auch während dieser Zeit muß der Puter immer wieder mit dem abgetropften Bratensaft bestrichen werden. • Den Puter im abgeschalteten Ofen bei geöffneter Tür etwa 15 Minuten ruhen lassen, dann tranchieren und anrichten. Die Zitrone und die Petersilie wegwerfen. Die Sauce gesondert dazu reichen.

Das paßt dazu: In der Schale gekochte Kartoffeln oder Kartoffelbrei, beliebige Gemüse und Salate

Mein Tip Alle Füllungen, die ich Ihnen für Gänsebraten nenne, passen auch zu Puter oder Ente. Bei einer Ente reicht etwa ⅓ der Menge, für einen Puter brauchen Sie etwa 1½ mal soviel.

Ente mit Orangen

Bild Seite 19

Die berühmte »Canard à l'orange« ist genau das richtige für Festtage: Sie sieht hübsch aus und schmeckt hervorragend.

1 junge Ente von etwa 1,8 kg · Salz · weißer Pfeffer, frisch gemahlen · 1 Eßl. Öl · 2 Eßl. Butter · 500 g Orangen · ⅛ l heiße Hühnerbrühe · ⅛ l trokkener Weißwein · 2 unbehandelte Orangen · 1 unbehandelte Zitrone · 1 Eßl. Zucker · 1 Eßl. Weißweinessig · 1 Schnapsglas Orangenlikör (2 cl)
Pro Person etwa 2855 Joule/680 Kalorien

- Vorbereitungszeit: etwa 25 Minuten
- Garzeit: etwa 1¾ Stunden

So wird's gemacht: Die Ente vorbereiten: Alle Härchen und Federreste, die vor allem unter den Flügeln und den Keulen sitzen, mit einer Pinzette entfernen. Die Ente innen und außen kalt abspülen, austropfen lassen und mit einem Küchentuch trockenreiben. • Salz und Pfeffer auf einem Teller mischen. Die Ente damit innen und außen einreiben. • Den Backofen auf 200° vorheizen. • Das Öl und 1 Eßlöffel Butter in einem verschließbaren Bräter erhitzen und die Ente rundherum bei mittlerer Hitze darin etwa 10 Minuten anbraten, bis die Haut gebräunt ist. Das Fett bis auf einen dünnen Film abgießen. • Die Ente mit der Brust nach unten in den Bräter legen, in den heißen Backofen schieben und zugedeckt 35 Minuten braten. • Die Hälfte der Orangen auspressen. • Die Ente umdrehen, so daß sie mit den Keulen nach oben im Bräter liegt. Die Haut seitlich unterhalb der Keulen mit einer Nadel oder einem Zahnstocher mehrmals einstechen, damit die Fettschicht unter der Haut ausbraten kann. Den Orangensaft, die Hühnerbrühe und den Weißwein an den Seiten hinzugießen und die Ente weitere 40 Minuten schmoren, dabei etwa alle 10 Minuten mit dem Bratensaft begießen. • Die Ente auf den Rost legen (den Bräter darunterschieben) und noch einmal 20 Minuten braten, dabei ebenfalls immer wieder mit dem abtropfenden Saft begießen. • Die unbehandelten Orangen und die Zitrone heiß waschen, abtrocknen und die Schale von 1 Orange und der Zitrone etwa zur Hälfte ganz dünn abschneiden. Die Schale in feine Streifen schneiden, auf ein Sieb geben, mit kochendem Wasser übergießen und abtropfen lassen. • Die zweite unbehandelte Orange in dünne Scheiben teilen und gegebenenfalls entkernen. Alle restlichen Orangen und die Zitrone auspressen. • Die Ente tranchieren und im abgeschalteten Backofen warm halten. • Die Schmorflüssigkeit entfetten und auf dem Herd bei starker Hitze unter häufigem Rühren auf etwa ⅓ einkochen lassen. • Währenddessen die restliche Butter erhitzen, den Zucker unter Rühren darin karamelisieren lassen und mit dem Essig, dem Orangenlikör sowie dem Orangen- und Zitronensaft ablöschen. Die Orangenscheiben darin etwa 2 Minuten garen. Die feingeschnittene Schale und die Schmorflüssigkeit dazugeben. • Die Ente mit den Orangenscheiben auf einer vorgewärmten Platte anrichten und mit etwas Sauce beschöpfen. Die restliche Sauce gesondert dazu reichen.

Das paßt dazu: Reis, gemischt mit wildem Reis oder auch Safranreis

Variante: Ente mit Sauerkirschen
1 junge Ente von etwa 1,8 kg vorbereiten, in Öl und Butter anbraten und im heißen Backofen 35 Minuten braten. Die Ente wenden, die Haut anstechen, ⅛ l Hühnerbrühe und ¼ l trockenen, fruchtigen Rotwein zugießen, die Ente weitere 40 Minuten schmoren und noch einmal 20 Minuten auf dem Rost braten. 1 Eßlöffel braunen Zucker in 1 Eßlöffel Butter karamelisieren, mit dem Saft von 2 Zitronen und ⅛ l Sauerkirschsaft ablöschen, die feingeschnittene, blanchierte Schale von 1 unbehandelten Zitrone sowie 1 Prise Zimt zugeben. 250 g abgetropfte Sauerkirschen aus dem Glas dazugeben und unter Rühren erhitzen. Die Ente tranchieren, die Schmorflüssigkeit entfetten, bei starker Hitze auf etwa ⅓ einkochen lassen und in die Sauerkirschsauce rühren.

Der langsame Garprozeß des Schmorens bekommt Geflügel besonders gut, denn alle Aromen von Kräutern und Gewürzen, Gemüse, Obst oder Wein verbinden sich hervorragend mit dem Fleisch, das wunderbar zart bleibt. Und bei der Zubereitungsart können Sie je nach Gelegenheit wählen zwischen deftig oder fein. Die passende Beilage für alle Hühnchenrezepte sind immer Stangenweißbrot und frischer Salat.

Knoblauchhähnchen

Für dieses pikante Gericht brauchen Sie unbedingt frischen Knoblauch, den es im Frühjahr zu kaufen gibt. Sobald die Knoblauchzehen grüne Triebe haben, schmecken sie zu penetrant.

1 mittelgroße Knoblauchknolle · 1 Huhn oder Hähnchen von etwa 1,6 kg · Salz · schwarzer Pfeffer, frisch gemahlen · 3 Eßl. Olivenöl · ⅛ l Hühnerbrühe (Instant) · 4 Zweige frischer Thymian · 1 Eßl. Zitronensaft · Cayennepfeffer
Pro Portion etwa 2100 Joule/500 Kalorien

- Vorbereitungszeit: etwa 10 Minuten
- Garzeit: etwa 50 Minuten

So wird's gemacht: Die Knoblauchknolle in die Zehen teilen und diese schälen. • Das Huhn innen und außen kalt abspülen, trockentupfen und in 8 Stücke schneiden. Die Hühnerstücke rundherum mit Salz und reichlich Pfeffer einreiben. • Das Öl in einem verschließbaren Bräter erhitzen und zuerst die Ober- und die Unterschenkel sowie die Flügel darin bei mittlerer Hitze rundherum in etwa 10 Minuten anbraten, bis die Haut schön gebräunt ist. Die Bruststücke und die Knoblauchzehen dazugeben und ebenfalls von allen Seiten 5 Minuten mitbraten. • Die Hühnerbrühe hinzugießen und den Bratfond damit loskochen. Das Huhn zugedeckt bei schwacher Hitze etwa 20 Minuten schmoren. • Inzwischen den Thymian kalt abspülen, trockentupfen und die Blättchen abstreifen. Den Thymian zum Huhn geben und das Gericht weitere 15 Minuten schmoren. • Die Schmorflüssigkeit mit dem Zitronensaft und Cayennepfeffer abschmecken.

Hähnchen in Bier

2 Schalotten · 1 Knoblauchzehe · 1 Petersilienwurzel · 1 Möhre · 1 Stück Knollensellerie (etwa 50 g) · 1 kleine Stange Lauch (Porree) · 1 Huhn oder Hähnchen von etwa 1,5 kg · Salz · schwarzer Pfeffer, frisch gemahlen · 1 Eßl. scharfer Senf · 1 Eßl. Öl · ¼ l dunkles Bier · 1 Eßl. Petersilie, frisch gehackt
Pro Portion etwa 2065 Joule/490 Kalorien

- Vorbereitungszeit: etwa 20 Minuten
- Garzeit: etwa 1 Stunde

So wird's gemacht: Die Schalotten und die Knoblauchzehe schälen und feinhacken. Die Petersilienwurzel, die Möhre und den Sellerie ebenfalls schälen. Den Lauch putzen. Alle Gemüse waschen, trockentupfen und fein zerkleinern. • Das Huhn innen und außen kalt abspülen, trockentupfen und in 8 Stücke schneiden. Die Stücke rundherum mit Salz und Pfeffer einreiben und auf den Hautseiten mit dem Senf bestreichen. • Das Öl in einem Schmortopf erhitzen und zuerst die Ober- und die Unterschenkel sowie die Flügel darin bei mittlerer Hitze rundherum in etwa 10 Minuten anbraten, bis die Haut schön gebräunt ist. Die Bruststücke dazugeben und ebenfalls von allen Seiten 5 Minuten mitbraten. • Die Geflügelstücke herausnehmen, die Schalotten und das Gemüse in das Bratfett geben und unter ständigem Rühren bei mittlerer bis schwacher Hitze so lange braten, bis die Schalotten glasig sind. • Das Fleisch wieder in den Topf legen, das Bier dazugießen und den Bratfond unter Rühren damit loskochen. Den Topf schließen und das Huhn bei schwacher Hitze etwa 30 Minuten schmoren. • Die Hühnerstücke auf einer vorgewärmten, tiefen Platte anrichten. Die Schmorflüssigkeit mit den Gemüsen darüber verteilen. Mit Petersilie servieren.

Pikanter Hähnchentopf

Bild Seite 20

150 Kichererbsen · Wasser · 1 Möhre · 1 Petersilienwurzel · 1 Stück Knollensellerie · 1 kleine Stange Lauch (Porree) · 100 g durchwachsener Räucherspeck · 1 Huhn oder Hähnchen von etwa 1,4 kg · Salz · schwarzer Pfeffer, frisch gemahlen · 1 große Zwiebel · 3 Knoblauchzehen · 4 Blättchen frischer Salbei · 1 Eßl. Olivenöl · ⅛ l Wasser · 250 g rote Paprikaschoten · 250 g vollreife Tomaten · 100 g schwarze Oliven · 1 Bund Petersilie

Pro Person etwa 2995 Joule/715 Kalorien

- Vorbereitungszeit einschließlich Ruhezeit: etwa 12 Stunden
- Garzeit: etwa 1½ Stunden

So wird's gemacht: Die Kichererbsen mit kaltem Wasser übergießen und zugedeckt etwa 12 Stunden einweichen. • Die Möhre, die Petersilienwurzel und den Sellerie schälen, den Lauch putzen. Alle Gemüse waschen und unzerteilt zu den Kichererbsen geben. Die Kichererbsen einmal aufkochen lassen und zugedeckt bei schwacher Hitze 1 Stunde garen. • Inzwischen den Räucherspeck feinwürfeln. • Das Huhn kalt abspülen, trockentupfen, in 8 Stücke teilen und rundherum mit Salz und Pfeffer einreiben. • Die Zwiebel und die Knoblauchzehen schälen und feinwürfeln. Die Salbeiblättchen waschen, trockentupfen und in feine Streifen schneiden. • Das Öl in einem Schmortopf erhitzen, und den Speck darin bei schwacher bis mittlerer Hitze unter häufigem Wenden ausbraten. Die Speckwürfel herausnehmen. • Im Bratfett zuerst die Ober- und die Unterschenkel sowie die Flügel des Huhns bei mittlerer Hitze von allen Seiten etwa 10 Minuten anbraten. Die Haut soll dabei schön bräunen. Die Bruststücke dazugeben und 5 Minuten mitbraten. Die Zwiebel, den Knoblauch und den Salbei hinzufügen und kurz anschwitzen. • Die Kichererbsen abgießen, das Gemüse wegwerfen. Die Erbsen und den Speck zum Huhn geben und das Wasser dazugießen. Alles einmal aufkochen und dann zugedeckt bei schwacher Hitze 20 Minuten schmoren. • Währenddessen die Paprikaschoten waschen, abtrocknen und vierteln. Die Schotenviertel von den weißen Häuten und den Kernen befreien und in Streifen schneiden. • Die Tomaten häuten und würfeln, dabei die Stielansätze und die Kerne entfernen. • Die Oliven halbieren und entsteinen. • Die Petersilie waschen, trockenschwenken und sehr fein hacken. • Die Paprikaschoten, die Tomaten, die Oliven und etwa ⅔ der Petersilie zum Huhn geben, alles vorsichtig mischen und zugedeckt weitere 10 Minuten schmoren. • Das Gericht mit Salz und Pfeffer abschmecken und mit der restlichen Petersilie bestreut servieren.

Coq au vin

Für das berühmte Hähnchen in Weinsauce brauchen Sie nicht unbedingt einen französischen Rotwein, sondern einfach einen trockenen, fruchtigen und selbstverständlich naturreinen Wein. Und die Schalotten können Sie durch sehr kleine Zwiebeln ersetzen.

100 g durchwachsener Räucherspeck · 1 Eßl. Öl · 1 Huhn oder Hähnchen von etwa 1,5 kg · Salz ·

weißer Pfeffer, frisch gemahlen · 1 Zwiebel · 2 Knoblauchzehen · 1 Eßl. Mehl · ½ l trockener Rotwein · 1 Bund Petersilie · 1 Zweig frischer Rosmarin · 1 Lorbeerblatt · 200 g Schalotten · 400 g kleine, braune Egerlinge · 1 Eßl. Butter · Saft von 1 Zitrone
Pro Portion etwa 2195 Joule/520 Kalorien

- Vorbereitungszeit: etwa 15 Minuten
- Garzeit: etwa 1¼ Stunden

So wird's gemacht: Den Räucherspeck feinwürfeln. Das Öl in einem Bräter erhitzen und den Speck unter häufigem Umrühren bei schwacher bis mittlerer Hitze darin ausbraten. • Inzwischen das Huhn kalt abspülen, trockentupfen, in 8 Stücke teilen und rundherum mit Salz und Pfeffer einreiben. • Die Zwiebel und die Knoblauchzehen schälen und feinwürfeln. • Den Backofen auf 180° vorheizen. • Die Speckwürfel aus dem Topf nehmen. Im Bratfett zuerst die Ober- und die Unterschenkel sowie die Flügel des Huhns bei mittlerer Hitze von allen Seiten etwa 10 Minuten anbraten. Die Haut soll dabei schön bräunen. Die Bruststücke dazugeben und rundherum 5 Minuten mitbraten. Die Zwiebeln und den Knoblauch hinzufügen und glasig braten. Das Mehl darüberstäuben und kurz anrösten. Den Rotwein dazugießen und den Bratfond damit loskochen. • Die Petersilie und den Rosmarin kalt abspülen und trockenschwenken. Die Hälfte der Petersilie beiseite legen und die restliche mit dem Rosmarin und dem Lorbeerblatt zum Fleisch geben. • Den Topf schließen, in den heißen Backofen stellen, und den Coq au vin etwa 40 Minuten garen. • Inzwischen die Schalotten schälen. Die Egerlinge putzen, gegebenenfalls kurz waschen und sehr gut abtropfen lassen. • Die Butter erhitzen und die Schalotten rundherum darin anbraten, dann zugedeckt bei schwacher Hitze etwa 10 Minuten garen. Die Pilze und den Zitronensaft dazugeben, alles mit Salz und Pfeffer würzen und weitere 5 Minuten garen. • Die Hühnerstücke aus dem Topf nehmen und warm stellen. Die Kräuterzweige und das Lorbeerblatt entfernen. • Die Sauce mit Küchenpapier entfetten: Mehrmals ein (jeweils frisches) Blatt Küchenpapier über die Oberfläche der Sauce ziehen, so daß das Fett aufgesogen wird. • Das Geflügel, die Speckwürfel und die Schalotten-Pilz-Mischung wieder in den Topf geben und alles zugedeckt noch einmal 15 Minuten im Backofen schmoren. • Die restliche Petersilie feinhacken und den Coq au vin vor dem Servieren damit bestreuen.

Hähnchen Jägerart

Bild Seite 37

Zutaten für 5 Personen:
2 Zwiebeln · 250 g braune Egerlinge · ½ Bund Petersilie · 1 Zweig frischer Rosmarin · 500 g vollreife Tomaten · 1 Huhn oder Hähnchen von etwa 1,8 kg · Salz · schwarzer Pfeffer, frisch gemahlen · 2 Eßl. Öl · 200 ccm trockener Weißwein · 3 Eßl. Marsala · 1 Bund Basilikum
Pro Portion etwa 2070 Joule/495 Kalorien

- Vorbereitungszeit: etwa 15 Minuten
- Garzeit: etwa 70 Minuten

So wird's gemacht: Die Zwiebeln schälen und feinwürfeln. Die Pilze putzen, gegebenenfalls kurz waschen, und halbieren. Die Petersilie und den Rosmarin waschen und trockenschwenken. Nur die Petersilie fein zerkleinern. • Die Tomaten häuten und grobwürfeln, dabei die Stielansätze und die Kerne entfernen. • Das Huhn oder Hähnchen innen und außen kalt abspülen, trockentupfen, in 8 Stücke teilen und mit Salz und Pfeffer einreiben. • Das Öl in einem Schmortopf erhitzen und zuerst die Ober- und die Unterschenkel sowie die Flügel darin bei mittlerer Hitze rundherum in etwa 10 Minuten anbraten. Die Bruststücke dazugeben und 5 Minuten mitbraten. Die gebratenen Stücke herausnehmen und warm halten. • Die Zwiebeln im Fett unter Rühren glasig braten. Die Pilze und die Petersilie hinzufügen und etwa 2 Minuten mitbraten. Den Wein dazugießen und den Bratensatz damit lösen. Den Rosmarin und die Tomaten dazugeben und alles einmal aufkochen. • Das Fleisch wieder in den Topf legen und zugedeckt bei schwacher Hitze etwa 45 Minuten garen. • Die Geflügelstücke herausnehmen und auf einer vorgewärmten Platte warm halten. • Die Sauce bei starker Hitze unter Rühren einkochen lassen und mit Salz, Pfeffer und Marsala abschmecken. • Das Basilikum waschen, trockentupfen, fein zerkleinern und untermischen. Die Sauce über das Fleisch gießen.

Huhn mit Backpflaumen

250 g entsteinte Backpflaumen · 1 unbehandelte Orange · ⅛ l trockener Rotwein · 1 Huhn oder Hähnchen von etwa 1,3 kg · Salz · schwarzer Pfeffer, frisch gemahlen · 5 Schalotten · 1 Eßl. Öl · 2 Zweige frischer Thymian · 1 Stück Stangenzimt, etwa 2 cm lang · 2 Gewürznelken
Pro Portion etwa 2715 Joule/650 Kalorien

- Vorbereitungszeit einschließlich Ruhezeit: etwa 5½ Stunden
- Garzeit: etwa 1¼ Stunden

So wird's gemacht: Die Backpflaumen heiß waschen und abtropfen lassen. Die Orange ebenfalls waschen, abtrocknen und die Schale etwa zur Hälfte abreiben. Die Orange auspressen, den Saft mit der Schale und dem Rotwein mischen und über die Backpflaumen gießen. Die Pflaumen zugedeckt etwa 5 Stunden einweichen. • Das Huhn innen und außen kalt abspülen, trockentupfen, in 8 Stücke teilen und mit Salz und Pfeffer einreiben. • Die Schalotten schälen und halbieren oder vierteln. • Den Backofen auf 200° vorheizen. • Das Öl in einem verschließbaren Schmortopf erhitzen und zuerst die Ober- und die Unterschenkel sowie die Flügel darin bei mittlerer Hitze rundherum in etwa 10 Minuten anbraten. Die Haut soll dabei schön bräunen. Die Bruststücke dazugeben und ebenfalls von allen Seiten 5 Minuten mitbraten. • Die Geflügelstücke herausnehmen und das Fett bis auf einen dünnen Film abgießen. Die Hühnerstücke wieder in den Bräter legen, die Schalotten hinzufügen und im Bratfett anschwitzen. • Die Backpflaumen abtropfen lassen. Die Wein-Saft-Mischung dabei auffangen, in den Bräter gießen und den Bratfond damit unter Rühren loskochen. • Den Thymian kalt abspülen, trockentupfen, die Blättchen abstreifen und mit dem Zimt und den Gewürznelken zum Huhn geben. • Den Bräter schließen und in den heißen Backofen stellen. Das Huhn etwa 30 Minuten schmoren. • Die Backpflaumen dazugeben und alles im geöffneten Bräter weitere 20–25 Minuten schmoren, bis die Geflügelstücke schön gebräunt sind.

Entenragout mit Gemüse

Zutaten für 5 Personen:
1 junge Ente von etwa 1,6 kg · Salz · schwarzer Pfeffer, frisch gemahlen · 1 Eßl. Öl · ¼ l trockener Weißwein · 1 Teel. Beifuß, frisch oder getrocknet · 3 Schalotten · je 250 g Möhren, weiße Rüben (Teltower Rübchen oder Mairübchen) und Knollensellerie · je ½ Paket (150 g) tiefgefrorene grüne Bohnen und Erbsen · 1 Bund Petersilie
Pro Portion etwa 2930 Joule/700 Kalorien

- Vorbereitungszeit: etwa 20 Minuten
- Garzeit: etwa 1¼ Stunden

So wird's gemacht: Die Ente vorbereiten, wie im Rezept »Ente mit Orangen«, Seite 26, beschrieben, in 8 Stücke teilen und die Stücke rundherum mit Salz und Pfeffer einreiben. • Das Öl in einem verschließbaren Bräter erhitzen und die Entenstücke von allen Seiten etwa 10 Minuten anbraten, bis die Haut gebräunt ist. • Den Weißwein dazugießen und den Beifuß darüberstreuen. • Den Bräter schließen und das Ragout 45 Minuten bei schwacher Hitze schmoren. • Inzwischen die Schalotten schälen und vierteln. Die Möhren, die weißen Rüben und den Sellerie ebenfalls schälen, waschen und nicht zu klein würfeln. • Die Schalotten, das frische Gemüse und die tiefgefrorenen Bohnen zum Entenragout geben, alles einmal aufkochen und weitere 15 Minuten schmoren. • Die Erbsen dazugeben und noch einmal 5 Minuten garen. • Die Petersilie waschen, die Blättchen trockentupfen, abzupfen und feinhacken. Die Hälfte davon unter das Ragout mischen und den Rest darüberstreuen.

Das paßt dazu: Kartoffeln oder Brot

Um Geflügel gut zerkleinern zu können, braucht man unbedingt eine wirklich gute Geflügelschere und ein scharfes Tranchiermesser.

Variante: Entenragout auf italienische Art
Die Ente vorbereiten, zerteilen, würzen und in Olivenöl anbraten. 2 gewürfelte Zwiebeln, 1 gehackte Knoblauchzehe und 75 g in Streifen geschnittenen rohen Schinken unter Rühren mitbraten, bis die Zwiebeln und der Schinken glasig sind. ¼ l trockenen Weißwein dazugießen. 1 Lorbeerblatt und 2 Zweige frischen Thymian auf die Entenstücke legen und alles zugedeckt etwa 1¼ Stunden schmoren. Inzwischen 300 g braune Egerlinge putzen und gegebenenfalls waschen. Die Pilze halbieren oder vierteln. Je 1 Bund Petersilie und Schnittlauch waschen, trockenschwenken und fein zerkleinern. Die Pilze in 1 Eßlöffel Butter bei starker Hitze etwa 5 Minuten braten, dann mit den Kräutern unter das Entenragout mischen.

Ente mit Sauerkraut auf rumänische Art

1 junge Ente von etwa 1,8 kg · Salz · schwarzer Pfeffer, frisch gemahlen · 250 g Zwiebeln · 500 g Sauerkraut · 1 Eßl. Gänseschmalz · 2 Lorbeerblätter · 3 Wacholderbeeren · 2 Gewürznelken · ⅜ l trockener Weißwein · 1 Teel. getrockneter Majoran
Pro Portion etwa 2850 Joule/680 Kalorien

- Vorbereitungszeit: etwa 30 Minuten
- Garzeit: etwa 2 Stunden

So wird's gemacht: Die Ente wie im Rezept »Ente mit Orangen«, Seite 26, vorbereiten und mit Salz und Pfeffer einreiben. • Die Zwiebeln schälen und in Ringe schneiden. Das Sauerkraut gut abtropfen lassen und mit einer Gabel zerpflükken. • Den Backofen auf 200° vorheizen. • Das Gänseschmalz in einem verschließbaren Bräter erhitzen und die Ente darin rundherum etwa 10 Minuten anbraten, bis die Haut gebräunt ist. Die Ente herausnehmen und das Fett bis auf etwa 1 Eßlöffel abgießen. • Die Zwiebeln in das Bratfett geben und unter Rühren glasig braten.

Das Sauerkraut dazugeben und etwa 10 Minuten mitbraten. • Die Lorbeerblätter, die Wacholderbeeren und die Gewürznelken zum Kraut geben, den Weißwein dazugießen und den Majoran darüberstreuen. • Die Ente mit der Brust nach unten auf das Kraut legen, den Bräter schließen, in den heißen Backofen schieben und die Ente 35 Minuten braten. • Die Ente nun umdrehen und die Haut seitlich unterhalb der Keulen mehrmals einstechen, damit die Fettschicht unter der Haut ausbraten kann. Die Ente weitere 30 Minuten schmoren, dabei alle 10 Minuten mit dem Fett beschöpfen, das sich im Bräter sammelt. • Die Ente auf den Rost legen (den Bräter darunterschieben) und noch einmal 30 Minuten braten, damit sie schön braun wird. • Das Sauerkraut mit der Schmorflüssigkeit auf eine vorgewärmte Platte geben. Die Ente tranchieren und auf dem Kraut anrichten.

Das paßt dazu: Semmelklöße, Kartoffelklöße oder Kartoffelpüree

Gänseklein

So lange ist es noch gar nicht her, daß man frisch geschlachtetes Geflügel samt Federkleid kaufte, selbst rupfte und ausnahm. Kopf und Füße wurden nicht etwa weggeworfen, sondern mit Flügeln, Herz und Magen einige Tage sauer eingelegt und in einer köstlichen dunklen Sauce angerichtet. Hier ein Rezept für Gänseklein oder »Gansjung«, wie man in Bayern sagt, das ich in dem handgeschriebenen Kochbuch meiner Großmutter entdeckt habe.

800 g Gänseklein (Hälse, Mägen und Herzen, möglichst auch Kopf und Füße), frisch oder tiefgefroren · 2 Zwiebeln · 1 Bund Suppengrün · ¼ l Wasser · ¼ l trockener Rotwein · ⅛ l milder Rotweinessig · 2 Gewürznelken · 3 Wacholderbeeren · 4 schwarze Pfefferkörner · 1 Lorbeerblatt · ½ unbehandelte Zitrone · 40 g Butter · 40 g Mehl · ⅛ l Sahne · Salz · schwarzer Pfeffer, frisch gemahlen

Pro Portion etwa 2720 Joule/650 Kalorien

- Vorbereitungszeit einschließlich Ruhezeit: 3 Tage
- Garzeit: etwa 3 Stunden

So wird's gemacht: Das Gänseklein waschen, abtropfen lassen und in eine Porzellanschüssel legen. 1 Zwiebel schälen und vierteln. Das Suppengrün putzen, waschen und grobwürfeln. Beide Zutaten zum Geflügelklein geben. Das Wasser, den Rotwein und den Essig gemischt darübergießen. Die Gewürznelken, die Wacholderbeeren, die Pfefferkörner, das Lorbeerblatt und ein Stück dünn abgeschnittene Zitronenschale dazugeben. Das Gänseklein 3 Tage zugedeckt in dieser Beize ziehen lassen. • Das Gänseklein einschließlich Beize und Gewürzen in einen Topf geben, einmal aufkochen und zugedeckt bei schwacher Hitze etwa 2½ Stunden kochen lassen. • Inzwischen die zweite Zwiebel schälen und ganz fein hacken. Die Zitrone auspressen. • Das Gänseklein aus dem Sud nehmen und nach Wunsch alles Fleisch von den Knochen lösen, Herz und Magen würfeln (Sie können die Stücke jedoch auch ganz lassen). • Den Sud durch ein Sieb gießen und auffangen, alle festen Teile wegwerfen. • Die Butter erhitzen und die Zwiebel darin glasig braten. Das Mehl darüberstäuben und unter Rühren hellbraun anschwitzen. Die Beize nach und nach dazugießen. Dabei kräftig mit dem Schneebesen rühren, damit das Mehl keine Klümpchen bildet. • Die Sauce einmal aufkochen lassen und zugedeckt bei schwacher Hitze 10 Minuten kochen. • Das Geflügelklein wieder einlegen und nur heiß werden lassen. Die Sahne untermischen. • Die Sauce mit dem Zitronensaft, Salz und Pfeffer abschmekken.

Putenkeulen mit weißen Bohnen

250 g weiße Bohnen · 1 l Wasser · 2 kleine Zwiebeln · 1 Knoblauchzehe · 4 Gewürznelken · 1 Bund Suppengrün · 2 Putenunterkeulen von je etwa 600 g · Salz · weißer Pfeffer, frisch gemahlen · 1 Eßl. Gänseschmalz · 1 Lorbeerblatt · 1 Eßl. getrockneter Thymian oder Majoran · 3 Eßl. milder Weißweinessig
Pro Portion etwa 2720 Joule/650 Kalorien

- Vorbereitungszeit einschließlich Ruhezeit: etwa 12½ Stunden
- Garzeit: etwa 1¾ Stunden

So wird's gemacht: Die Bohnen mit dem Wasser übergießen und zugedeckt 12 Stunden einweichen. • Die Zwiebeln und die Knoblauchzehe schälen. 1 Zwiebel halbieren und die Hälften mit den Gewürznelken spicken. Die andere Zwiebel und die Knoblauchzehe feinhacken. • Das Suppengrün putzen, waschen und feinwürfeln. • Die Putenkeulen trockentupfen und rundherum mit Salz und Pfeffer einreiben. • Das Gänseschmalz erhitzen und die Putenkeulen bei starker Hitze darin von allen Seiten etwa 5 Minuten anbraten. • Die gehackte Zwiebel und den Knoblauch sowie das Suppengrün unter Rühren einige Minuten mitbraten. Etwa ⅔ des Einweichwassers der Bohnen dazugießen. Die Putenkeulen bei schwacher Hitze zugedeckt 30 Minuten garen. • Die Bohnen, die Zwiebelhälften, das Lorbeerblatt und den Thymian oder den Majoran dazugeben. • Alles einmal aufkochen, dann zugedeckt noch einmal etwa 1 Stunde garen, bis die Bohnen weich, aber nicht zerfallen sind. • Das Gericht mit Salz, Pfeffer und dem Essig abschmecken.

Das paßt dazu: Pellkartoffeln oder Brot

Variante: Putenkeulen mit Rotkohl
2 Putenkeulen von je etwa 600 g würzen und in 1 Eßlöffel Gänseschmalz anbraten. ⅛ l Hühnerbrühe hinzugießen, einmal aufkochen und die Putenkeulen zugedeckt bei schwacher Hitze 1 Stunde garen. Inzwischen 1 Kopf Rotkohl (etwa 700 g) putzen und vierteln. Den Strunk und die dicken Blattrippen heraustrennen, die Blätter nicht zu fein zerkleinern. 1 Zwiebel schälen und feinhacken. 1 säuerlichen Apfel vierteln, vom Kerngehäuse befreien, schälen und würfeln. 1 Stück frische Ingwerwurzel schälen und in feine Scheibchen schneiden. 1 weiteren Eßlöffel Schmalz erhitzen und die Zwiebel und den Apfel darin glasig braten. Die Ingwerwurzel und den Rotkohl dazugeben und unter Rühren so lange bei mittlerer Hitze schmoren, bis der Kohl zusammenfällt. Alles zu den Putenkeulen geben, 1 Lorbeerblatt und 1 Stück Stangenzimt hinzufügen. Alles zugedeckt weitere 30 Minuten schmoren. Das Lorbeerblatt und die Zimtstange entfernen. ⅛ l saure Sahne untermischen. Das Gericht mit Salz und weißem Pfeffer aus der Mühle abschmecken und mit frisch gehackter Petersilie bestreut servieren.

Mein Tip Statt der Putenkeulen können Sie beide Gerichte auch mit Gänsekeulen zubereiten, die es vor dem Kirchweihsonntag im Oktober und vor Weihnachten zu kaufen gibt. Die Garzeit der Keulen beträgt etwa 2 Stunden.

Die zarten Brustfilets von Hähnchen oder Pute können Sie auf dieselbe Art wie jedes andere Fleisch zum Kurzbraten zubereiten. Damit sind die Möglichkeiten der schnellen Küche jedoch noch nicht erschöpft: Probieren Sie mal Leber und Herz, oder machen Sie aus bereits gegartem Geflügel köstliche neue Gerichte.

Putenschnitzel mit Mandeln und Pfirsichen

Bild Seite 38

4 Putenschnitzel von je etwa 180 g · Salz · weißer Pfeffer, frisch gemahlen · 1 Eßl. Mehl · ½ Teel. Ingwerpulver · 1 Eßl. Öl · 1 Eßl. Butter · 100 g Mandelblättchen · 1 frischer Pfirsich oder 2 Pfirsichhälften aus der Dose · 3 Eßl. trockener Weißwein

Pro Portion etwa 2200 Joule/525 Kalorien

- Vorbereitungszeit: etwa 5 Minuten
- Garzeit: etwa 15 Minuten

So wird's gemacht: Die Putenschnitzel trockentupfen und auf beiden Seiten mit Salz und Pfeffer bestreuen. • Das Mehl mit dem Ingwerpulver auf einem Teller mischen. Die Putenschnitzel in dem Mehl wenden; das überschüssige Mehl wieder abklopfen. • Das Öl erhitzen und die Butter darin zerlassen. Die Putenschnitzel im heißen Fett bei starker Hitze pro Seite etwa 1 Minute anbraten. Die Schnitzel herausnehmen, in den Mandelblättchen wenden, wieder in die Pfanne legen und bei mittlerer Hitze auf jeder Seite noch einmal 2 Minuten braten. • Inzwischen den Pfirsich mit kochendem Wasser übergießen, kurz darin ziehen lassen, häuten, vom Stein befreien und in Schnitze teilen. (Pfirsichhälften aus der Dose gut abtropfen lassen und ebenfalls in Spalten schneiden.) • Die Putenschnitzel auf einer vorgewärmten Platte warm halten. • Den Weißwein in die Pfanne geben und den Bratfond unter Rühren damit lösen. Die Pfirsiche darin erhitzen. • Die Putenschnitzel mit den Pfirsichen belegen und sofort servieren.

Das paßt dazu: Stangenweißbrot oder Reis und Kopfsalat in Kräuter-Vinaigrette

Putenschnitzel mit Zitrone

Putenfleisch ist so zart und mager, daß Sie es pikant würzen und ruhig auch mit gehaltvollen Zutaten anrichten können. Außerdem sind die dünnen Schnitzel im Handumdrehen gebraten, also genau das richtige, wenn es einmal schnell gehen muß.

2 kleine Zitronen · 8 Putenschnitzel von je etwa 80 g · Salz · weißer Pfeffer, frisch gemahlen · 1½ Eßl. Mehl · 50 g Butter · 200 ccm trockener Weißwein · 2 Eßl. Petersilie, frisch gehackt

Pro Portion etwa 1490 Joule/355 Kalorien

- Vorbereitungszeit: etwa 10 Minuten
- Garzeit: etwa 5 Minuten

So wird's gemacht: Die Zitronen auspressen und den Saft für die Sauce beiseite stellen. • Die Putenschnitzel auf beiden Seiten mit Küchenpapier trockentupfen und mit Salz und Pfeffer bestreuen. • Das Mehl auf einen Teller geben, die Putenschnitzel darin wenden und das überschüssige Mehl gut abklopfen. • Die Butter in einer Pfanne nur so stark erhitzen, daß sie leicht schäumt, aber nicht braun wird. • Die Putenschnitzel darin bei mittlerer Hitze pro Seite etwa 1 Minute braten, herausnehmen und auf vier vorgewärmten Tellern warm halten. • Den Zitronensaft und den Weißwein in die Pfanne gießen und den Bratfond damit unter Rühren loskochen. Die Petersilie in die Sauce mischen. • Die Putenschnitzel mit der Sauce umgießen und sofort servieren.

Das paßt dazu: Reis und gemischter Salat

Variante:
Putenschnitzel mit Schinken und Salbei
8 dünne Putenschnitzel von je etwa 80 g mit dem Handballen möglichst flach drücken, abtupfen und auf beiden Seiten mit wenig weißem Pfeffer aus der Mühle bestreuen. 16 frische Salbeiblättchen waschen, trockentupfen und auf den Schnitzeln verteilen. Auf jedes Schnitzel eine hauchdünne Scheibe Parmaschinken legen, glattstreichen und an den Rändern gut festdrükken. Die Schnitzel umdrehen und leicht mit Mehl bestäuben. 40 g Butter erhitzen, aber nicht bräunen, und die Schnitzel darin pro Seite etwa 2 Minuten braten. Auf vorgewärmten Tellern anrichten und mit dem Bratfond umgießen.

Variante: Putenschnitzel mit Thymian
4 Putenschnitzel von je etwa 150 g trockentupfen, mit Salz und schwarzem Pfeffer aus der Mühle würzen und in 30 g Butter auf jeder Seite etwa 3 Minuten braten. Auf vorgewärmten Tellern warm halten. 1 feingehackte Knoblauchzehe und die Blättchen von 4 Zweigen frischem Thymian in das Bratfett geben und unter Rühren einige Sekunden anschwitzen. Nach und nach ¼ l Sahne dazugießen und jeweils cremig einkochen lassen. Die Putenschnitzel mit der Sauce begießen und servieren.

Variante: Putenschitzel mit grünem Pfeffer
4 Putenschnitzel von je etwa 150 g vorbereiten, salzen, braten und warm halten. Den Bratfond mit 2 Schnapsgläsern (4 cl) Cognac ablöschen. 4 Eßlöffel eingelegte grüne Pfefferkörner aus dem Glas und ⅛ l Sahne dazugeben. Die Sauce cremig einkochen lassen und über die Schnitzel gießen.

Hühnerschnitzel Wiener Art

4 doppelte, entbeinte Hühnerbrüstchen von je etwa 180 g · Salz · weißer Pfeffer, frisch gemahlen · 2 Eier · 3 Eßl. Mehl · 8 Eßl. Semmelbrösel · 60 g Butter · 1 unbehandelte Zitrone
Pro Portion etwa 1890 Joule/450 Kalorien

- Vorbereitungszeit: etwa 10 Minuten
- Garzeit: etwa 20 Minuten

So wird's gemacht: Die Hühnerbrüstchen häuten, trockentupfen und mit Salz und Pfeffer würzen. • Die Eier auf einem Teller mit einer Gabel verquirlen. Das Mehl und die Semmelbrösel ebenfalls jeweils auf Teller geben. • Die Hühnerbrüstchen zuerst im Mehl wenden, dann durch das Ei ziehen und schließlich in den Semmelbröseln wälzen. • Die Butter in einer Pfanne zerlassen, aber nicht bräunen. Die Hähnchenschnitzel darin bei schwacher bis mittlerer Hitze pro Seite etwa 10 Minuten braten, herausnehmen und auf vorgewärmten Tellern anrichten. • Die Zitrone heiß abwaschen, trockenreiben und in dünne Scheiben schneiden. Die Schnitzel mit den Zitronenscheiben garnieren.

Das paßt dazu: Kartoffelsalat und gemischter Salat mit Kräutern

Ein kräuterwürziger Hähnchentopf, der ohne viel Arbeitsaufwand leise vor sich hinschmort. Rezept Seite 30.

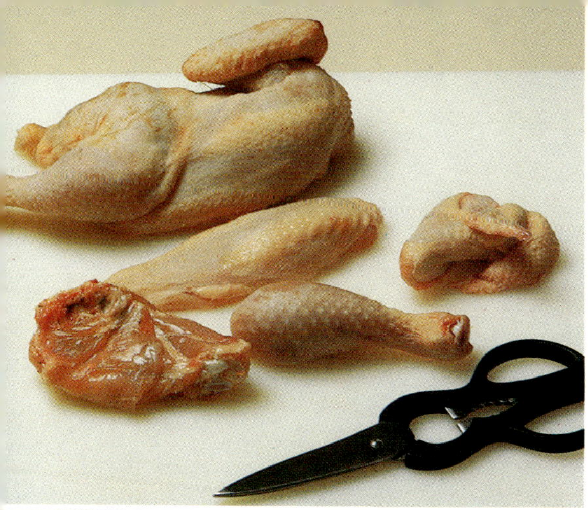

Pastetchen mit Geflügelragout

Eine köstliche Resteverwertung von gegartem Geflügel – egal, ob gebraten oder gekocht: Das Fleisch wird kleingeschnitten, in einer Sauce kurz erhitzt und in knusprigen Blätterteigpastetchen angerichtet.

8 Blätterteigpastetchen (fertig gekauft) · 100 g gekochter Schinken · 300 g gegartes Geflügelfleisch · 1 kleine Zwiebel · ½ Bund Petersilie · 1 Eßl. Butter · 100 g tiefgefrorene Erbsen · ½ Becher Crème fraîche (100 g) · Salz · weißer Pfeffer, frisch gemahlen
Pro Portion etwa 2660 Joule/635 Kalorien

- Vorbereitungszeit: etwa 15 Minuten
- Garzeit: etwa 10 Minuten

So wird's gemacht: Die Blätterteigpastetchen auf ein Backblech setzen, das Blech in den kalten Backofen schieben und den Ofen auf 220° schalten. • Den Schinken von den Fetträndern befreien und kleinwürfeln oder in Streifen schneiden. Das Geflügelfleisch ebenfalls würfeln. Die Zwiebel schälen und feinhacken. Die Petersilie waschen, die Blättchen abzupfen, trockentupfen und fein zerkleinern. • Die Butter erhitzen, den Schinken und die Zwiebel darin glasig braten. Das Fleisch, die Petersilie und die Erbsen dazugeben und alles bei starker Hitze anbraten. • Die Crème fraîche hinzufügen und unter weiterem Rühren etwas einkochen lassen. • Das Ragout mit Salz und Pfeffer abschmecken und in die heißen Pastetchen füllen. Sofort servieren, damit der Teig knusprig bleibt.

Das paßt dazu: gemischter Salat

Obst harmoniert gut mit allen Geflügelgerichten und die zarten Brustfilets von Hähnchen oder Puter sind zum Kurzbraten besonders gut geeignet. Die Putenschnitzel mit Mandeln und Pfirsichen sind ein hervorragendes Beispiel dafür. Rezept Seite 35.

Putengeschnetzeltes in Kerbelsahne

100 g frischer Kerbel · 750 g Putenbrust · 2 Schalotten · 2 Eßl. Öl · 1 Eßl. Butter · Saft von ½ Zitrone · 2 Eßl. trockener Weißwein · 2 Becher Crème fraîche von je 200 g · Salz · weißer Pfeffer, frisch gemahlen
Pro Portion etwa 2805 Joule/670 Kalorien

- Vorbereitungszeit: etwa 10 Minuten
- Garzeit: etwa 20 Minuten

So wird's gemacht: Den Kerbel waschen, sehr gut trockenschwenken und fein zerkleinern. • Die Putenbrust mit Küchenpapier trockentupfen und quer zur Faser zuerst in etwa 1 cm dicke Scheiben, dann in schmale Streifen schneiden. Die Schalotten schälen und feinhacken. • Das Öl erhitzen und die Butter darin zerlassen, aber nicht bräunen. Die Fleischstreifen portionsweise im heißen Fett bei mittlerer Hitze nur so lange anbraten, bis sie sich weiß verfärben. Jede Fleischportion wieder herausnehmen, auf ein Sieb geben und eine Schüssel darunter stellen, damit sich der Fleischsaft sammeln kann. • Die Schalotten in das Fett geben und glasig braten. Den Zitronensaft und den Weißwein dazugießen und den Bratfond damit unter Rühren loskochen. • Die Crème fraîche nach und nach hinzufügen und jeweils bei mittlerer bis starker Hitze cremig einkochen lassen. • Das Fleisch einschließlich -saft wieder dazugeben, den Kerbel untermischen und alles in der Sauce erhitzen, aber nicht mehr kochen lassen. Das Geschnetzelte mit Salz und Pfeffer abschmecken und sofort servieren.

Das paßt dazu: Reis oder Nudeln und Salat

Mein Tip Wenn Sie keinen Kerbel bekommen, bereiten Sie das Geschnetzelte mit glatter Petersilie zu. Zupfen Sie die Blättchen ab; die Stiele sollten Sie nicht mitverwenden, denn sie sind zu hart. Im Frühjahr können Sie das Gericht auch mit selbstgesammelten Wildkräutern wie Löwenzahn, Brennesseln und Pimpinelle anreichern.

Variante: Putengeschnetzeltes mit Pilzen
2 Päckchen (etwa 20 g) getrocknete Steinpilze in ¼ l Wasser zugedeckt 3 Stunden einweichen, herausnehmen, kalt abspülen und abtropfen lassen. Das Einweichwasser durch eine Kaffeefiltertüte gießen. 750 g Putenbrust wie oben beschrieben vorbereiten, in Streifen schneiden und portionsweise im Öl-Butter-Gemisch braten. Das angebratene Fleisch zugedeckt im Backofen warm halten. 1 feingehackte Schalotte im Fett glasig braten, die Pilze zugeben und 1 Minute unter ständigem Wenden mitbraten. 1 Schnapsglas Cognac (2 cl) und 3 Eßlöffel trockenen Weißwein dazugießen und den Bratfond damit loskochen. Nun wechselweise das Einweichwasser der Pilze und 1 Becher Sahne (200 g) nach und nach hinzugießen. Die Sauce dabei unter ständigem Rühren immer wieder einkochen lassen, bis sie sämig und dickflüssig ist. Die Sauce mit Salz und Pfeffer abschmecken. Das Fleisch einschließlich -saft wieder dazugeben und alles mischen.

Putenröllchen mit Käse und Tomaten

150 g Mozzarella · 200 g Tomaten · ½ Bund Basilikum · 4 Putenschnitzel von je etwa 150 g · Salz · schwarzer Pfeffer, frisch gemahlen · 1 Eßl. Öl · ⅛ l trockener Weißwein oder heiße Hühnerbrühe (Instant) · 2 Eßl. Crème fraîche
Pro Portion etwa 1420 Joule/340 Kalorien

- Vorbereitungszeit: etwa 10 Minuten
- Garzeit: etwa 20 Minuten

So wird's gemacht: Den Mozzarella abtropfen lassen und in Würfel schneiden. Die Tomaten häuten und ebenfalls würfeln, dabei die Stielansätze und die Kerne entfernen. Das Basilikum waschen, die Blättchen abzupfen, trockentupfen und etwas zerkleinern. • Die Putenschnitzel trockentupfen, mit dem Handballen flachdrücken und auf beiden Seiten mit Salz und Pfeffer be-

Die Putenröllchen mit Käse und Tomaten lassen sich mit Rouladennadeln festhalten oder sie werden mit Küchengarn wie ein Paket verschnürt.

streuen. • Die Käse- und die Tomatenwürfel sowie das Basilikum auf den Schnitzeln verteilen. • Die Schnitzel wie Rouladen aufrollen und mit Rouladenklammern feststecken oder mit Küchengarn umwickeln. • Das Öl erhitzen und die Putenschnitzel darin bei mittlerer Hitze rundherum insgesamt etwa 10 Minuten braten. Die Putenröllchen herausnehmen, auf vorgewärmten Tellern anrichten und warm halten. • Den Weißwein oder die Hühnerbrühe in die Pfanne gießen und den Bratfond damit unter Rühren loskochen. • Die Crème fraîche untermischen und nach Wunsch noch etwas einkochen lassen, bis die Sauce schön sämig ist. • Die Putenröllchen mit der Sauce umgießen.

Das paßt dazu: Reis oder breite Nudeln

Mein Tip Für dieses Gericht eignen sich am besten Flaschen- oder Eiertomaten, die es im Hochsommer zu kaufen gibt. Diese Sorte enthält weniger Kerne und ist nicht so saftig wie die üblichen Gärtnertomaten. Wenn Sie die Putenröllchen sehr pikant mögen, ersetzen Sie den Mozzarella durch Emmentaler Käse.

Variante: Putenröllchen mit Pilzen und Speck
1 Päckchen Stein- oder Mischpilze (etwa 10 g) in ⅛ l Wasser 3 Stunden einweichen. Die Pilze herausnehmen, kalt abspülen und das Einweichwasser durch eine Kaffeefiltertüte gießen. 75 g durchwachsenen Räucherspeck feinwürfeln. 1 Zwiebel schälen und hacken. Den Speck in 1 Eßlöffel Öl bei mittlerer bis schwacher Hitze ausbraten. Die Zwiebel und die Pilze mitbraten, bis die Zwiebel glasig ist. Die Mischung mit schwarzem Pfeffer aus der Mühle würzen und auf 4 vorbereiteten Putenschnitzeln verteilen. Die Schnitzel aufrollen, feststecken und in 2 Eßlöffeln Butter braten. Die Putenröllchen warm halten. Den Bratfond mit dem Einweichwasser der Pilze loskochen. ⅛ l Sahne nach und nach hinzugießen und die Sauce unter Rühren cremig einkochen lassen. 1 Eßlöffel frisch gehackte Petersilie untermischen und die Sauce über den Putenröllchen verteilen.

Variante:
Putenröllchen mit Parmesan und Nüssen
2 Knoblauchzehen schälen und feinhacken. 2 Bund Petersilie waschen, die Blättchen abzupfen, trockentupfen und sehr fein zerkleinern. Den Knoblauch und die Petersilie mit je 2 Eßlöffeln frisch geriebenen Walnußkernen und Parmesan mischen und mit frisch gemahlenem schwarzem Pfeffer und wenig Salz würzen. Tropfenweise etwa ⅛ l Olivenöl untermischen, bis eine glatte Paste entstanden ist. Die Käsepaste auf 4 vorbereitete Putenschnitzel streichen. Die Schnitzel aufrollen, feststecken und ohne weitere Fettzugabe in einer beschichteten Pfanne braten.

Hühnerfrikassee

Zartes Hähnchenbrustfilet, knapp in Brühe und Wein gegart und mit einer sahnigen, pikant gewürzten Sauce angerichtet – das ist Hühnerfrikassee auf moderne und köstlich leichte Art.

3 doppelte Hühnerbrüstchen von je etwa 240 g · 1 Schalotte · 1 Knoblauchzehe · 1 Bund Suppengrün · 1 kleine unbehandelte Zitrone · ½ Bund Petersilie · 1 Zweig frischer Thymian · 1 Lorbeerblatt · 2 weiße Pfefferkörner · ¼ l Wasser · ¼ l trockener Weißwein · 1 Becher Crème fraîche (200 g) · Salz · weißer Pfeffer, frisch gemahlen · 1 Eßl. eiskalte Butter · 1 Eßl. Petersilie, frisch gehackt
Pro Portion etwa 1950 Joule/465 Kalorien

- Vorbereitungszeit: etwa 30 Minuten
- Garzeit: etwa 40 Minuten

So wird's gemacht: Die Hühnerbrüstchen häuten und entbeinen. • Die Schalotte und die Knoblauchzehe schälen und halbieren. Das Suppengrün putzen, waschen und grobwürfeln. Ein Stück Zitronenschale ganz dünn abschneiden, die Zitrone auspressen und den Saft für die Sauce beiseite stellen. Die Petersilie und den Thymian waschen. • Die ausgelösten Brustknochen des Huhns, die Schalotte, den Knoblauch, das Suppengrün, die Zitronenschale, die Kräuter, das Lorbeerblatt und die Pfefferkörner mit dem Wasser und dem Wein einmal aufkochen und zugedeckt bei schwacher Hitze 20 Minuten köcheln lassen. • Die Brühe durch ein Sieb gießen, die festen Bestandteile wegwerfen. • Die Hühnerbrüstchen in die Brühe legen und bis knapp unter den Siedepunkt erhitzen. Das Fleisch in etwa 8 Minuten garziehen lassen, herausnehmen und warm halten. • Die Brühe erneut zum Kochen bringen und bei starker Hitze unter ständigem Rühren auf etwa die Hälfte einkochen. Nach und nach die Crème fraîche einrühren und jeweils einkochen lassen, bis eine glatte, sämige Sauce entstanden ist. Die Sauce mit dem Zitronensaft, Salz und Pfeffer abschmecken. • Die Butter in kleine Stücke teilen und mit dem Schneebesen in die Sauce schlagen. • Die Hühnerbrust quer zur Faser in dünne Scheiben oder Streifen schneiden, in die Sauce legen und einige Sekunden darin ziehen lassen. • Das Frikassee mit der Petersilie bestreut servieren.

Das paßt dazu: körnig gekochter Reis, eventuell mit wildem Reis gemischt, und grüner Salat

Variante: Hühnerfrikassee mit Spargel und Pilzen
Die Hühnerbrust vorbereiten, die Brühe wie beschrieben kochen, durchsieben und das Fleisch mit 150 g geputztem und in Stücke geschnittenem grünem Spargel darin garziehen lassen. Inzwischen 150 g kleine braune Egerlinge waschen, trockentupfen und mit 1 Eßlöffel Zitronensaft in 1 Eßlöffel Butter anbraten. Das Fleisch, den Spargel und die Pilze warm halten. Die Brühe einkochen, dabei nach und nach ¼ l Sahne dazugeben und ebenfalls einkochen lassen. Die Sauce mit Salz, frisch gemahlenem weißem Pfeffer und etwas abgeriebener Zitronenschale pikant würzen. 1 Eßlöffel Butter unterschlagen. Das Fleisch aufschneiden und zusammen mit dem Gemüse etwa 1 Minute in der Sauce ziehen lassen. Das Frikassee mit frisch gehacktem Kerbel bestreut anrichten.

Variante: Hühnerfrikassee mit Gemüse
100 g Möhren schälen und in Stifte schneiden. 100 g Lauch (Porree) putzen, waschen und in etwa 1 cm breite Stücke teilen. Die Brühe wie beschrieben zubereiten und zuerst das Fleisch und die Möhren 5 Minuten darin garen. Den Lauch und 100 g tiefgefrorene Erbsen hinzufügen und weitere 5 Minuten garen. Das Fleisch und das Gemüse herausnehmen und warm halten. Die Sauce mit ¼ l Sahne, Salz, weißem Pfeffer aus der Mühle, 2 Eßlöffeln Zitronensaft und 1 Eßlöffel kalter Butter fertigstellen. Das Frikassee mit frisch gehackter Zitronenmelisse oder Petersilie anrichten.

Hühnerfrikadellen

1 Scheibe Toastbrot · 2 Eßl. heiße Milch · 100 g Spinat · 1 Zwiebel · 2 Knoblauchzehen · 2 Eßl. Pinienkerne · 2 doppelte Hühnerbrüstchen von je etwa 240 g · 2 Eßl. Parmesan, frisch gerieben · 1 Ei · Salz · schwarzer Pfeffer, frisch gemahlen · etwa 4 Eßl. Öl
Pro Portion etwa 1570 Joule/375 Kalorien

- Vorbereitungszeit: etwa 15 Minuten
- Garzeit: etwa 20 Minuten

So wird's gemacht: Das Toastbrot entrinden und in der Milch einweichen. • Den Spinat verlesen, von den eventuell harten Stielen befreien, gründlich waschen, trockenschwenken und ganz fein zerkleinern. Die Zwiebel und die Knoblauchzehen schälen und so fein hacken, daß sie fast musig sind. • Die Pinienkerne in der Mandelmühle reiben. • Die Hühnerbrüstchen häuten, entbeinen und durch den Fleischwolf drehen. • Das Fleisch mit dem Toastbrot, dem Spinat, der Zwiebel, dem Knoblauch, den Pinienkernen, dem Parmesan und dem Ei zu einem Fleischteig mischen. Alles mit Salz und Pfeffer abschmekken. • Aus dem Teig mit angefeuchteten Händen 8 flache Frikadellen formen. • Das Öl erhitzen und die Hühnerfrikadellen darin bei mittlerer Hitze rundherum etwa 8 Minuten braten.

Das paßt dazu: Kartoffelsalat und/oder gemischter Salat mit Kräuter-Vinaigrette

Variante: Fritierte Hühnerbällchen
2 mittelgroße, gekochte Kartoffeln schälen und auf der Rohkostscheibe feinraffeln. 1 Zwiebel und 2 Knoblauchzehen schälen. Mit 2 doppelten, gehäuteten und entbeinten Hühnerbrüstchen durch den Fleischwolf drehen. 1 Bund Petersilie waschen, die Blättchen abzupfen, trokkentupfen und ganz fein zerkleinern. Die Kartoffeln, das Fleisch, die Petersilie, 4 Eßlöffel frisch geriebenen Emmentaler Käse und 2 Eier zu einem Teig mischen und mit Salz, frisch gemahlenem schwarzem Pfeffer und 1 kräftigen Prise Cayennepfeffer abschmecken. Aus dem Teig 12 Bällchen formen. ½ l geschmacksneutrales Öl in einem Topf erhitzen und die Bällchen portionsweise darin etwa 5 Minuten fritieren.

Mein Tip Wenn Sie keinen Fleischwolf haben, schneiden Sie das Fleisch in kleine Stücke, geben es auf ein Holzbrett und hacken es mit einem großen, schweren Messer. Schieben Sie es zwischendurch immer wieder zusammen und führen Sie das Messer nur aus dem Handgelenk mit kurzen, kräftigen Schlägen.

Hühnerherzen mit Paprikaschoten

700 g Hühnerherzen · 250 g rote und grüne Paprikaschoten · 2 Zwiebeln · 1 Knoblauchzehe · 2 Eßl. Öl · 1–2 Eßl. Paprikapulver edelsüß · ⅛ l heiße Hühnerbrühe · ⅛ l Sahne · Salz · Cayennepfeffer
Pro Portion etwa 1180 Joule/280 Kalorien

- Vorbereitungszeit: etwa 10 Minuten
- Garzeit: etwa 20 Minuten

So wird's gemacht: Die Hühnerherzen mit einem kleinen, spitzen Messer putzen: zuerst das Fett abschneiden, die Herzen längs halbieren und alle Blutreste entfernen. • Die Paprikaschoten waschen, halbieren, von den weißen Häuten und den Kernen befreien und in Streifen schneiden. Die Zwiebeln und die Knoblauchzehe schälen und feinhacken. • Das Öl erhitzen und die Hühnerherzen darin unter Wenden braten, bis sie sich grau verfärben. Die Paprikaschoten, die Zwiebeln und den Knoblauch etwa 1 Minute mitbraten. • Das Paprikapulver darüberstäuben und rasch unterrühren. Die Hühnerbrühe dazugießen, alles einmal aufkochen und dann zugedeckt bei schwacher Hitze etwa 6 Minuten garen; die Paprikaschoten sollen noch bißfest sein. • Die Sahne untermischen und das Ragout mit Salz und Cayennepfeffer abschmecken.

Das paßt dazu: Reis und Tomatensalat

Variante: Hühnerherzen in Kapernsauce
700 g Hühnerherzen putzen und längs durchschneiden. 1 große Zwiebel schälen und feinhaken. 2 große Essiggurken kleinwürfeln. Je 1 Eßlöffel Öl und Butter erhitzen und die Hühnerherzen darin anbraten, bis sie sich grau färben. Die Zwiebel dazugeben und glasig braten. ⅛ l trockenen Weißwein hinzugießen und den Bratfond damit lösen. Die Essiggurken, 2 Eßlöffel Kapern und 1 Becher Crème fraîche (200 g) dazugeben. Das Ragout einmal aufkochen lassen und dann zugedeckt bei schwacher Hitze etwa 6 Minuten garen. Alles mit Salz und weißem Pfeffer aus der Mühle pikant abschmecken und mit 2 Eßlöffeln frisch gehackter Petersilie bestreut servieren.

Mein Tip Für alle diese Gerichte eignen sich statt Hühnerherzen auch Putenherzen (sie sind größer und deshalb schneller gesäubert) oder Hühnermägen. Die Mägen müssen allerdings etwa 1 Stunde in Wasser mit Suppengrün vorgekocht werden. Die Brühe können Sie für eine Suppe verwenden oder die Sauce damit zubereiten. Wenn Sie keinen frischen Rosmarin bekommen, nehmen Sie für die letzte Variante knapp 1 Eßlöffel getrockneten. Das Gericht schmeckt aber auch gut mit Thymian, Petersilie oder getrocknetem Oregano.

Variante: Geröstete Hühnerherzen mit Zucchini und Rosmarin
700 g Hühnerherzen putzen und längs halbieren. 400 g kleine schlanke Zucchini waschen, abtrocknen, von ihren Stiel- und Blütenansätzen befreien und in Stifte schneiden. 1 große Zwiebel und 2 Knoblauchzehen schälen und feinhacken. 3 Zweige frischen Rosmarin kalt abspülen, trokkenschwenken und die Nadeln abstreifen. 3 Eßlöffel Olivenöl erhitzen und die Hühnerherzen und den Rosmarin darin anbraten. Die Zwiebel und den Knoblauch hinzugeben und glasig braten. Die Herzen unter häufigem Rühren etwa 5 Minuten bei mittlerer Hitze braten. Die Zucchini daruntermischen und alles noch einmal etwa 4 Minuten rösten, bis die Zucchini bißfest sind. Das Gericht mit Salz und schwarzem Pfeffer aus der Mühle abschmecken.

Geflügelragout in Tomatensauce

Mit Resten von gegartem Geflügel können Sie fast im Handumdrehen eine ganze Mahlzeit zubereiten. Die Mengenangaben sind in meinen Vorschlägen nur Richtwerte, die Sie nach Bedarf variieren: Wenn Sie weniger Fleisch übrig haben, nehmen Sie einfach mehr Gemüse.

500 g vollreife Tomaten · 100 g roher Schinken · 2 Möhren · 2 Stangen Lauch (Porree) · 1 Zwiebel · 300 gegartes Geflügelfleisch · 1 Eßl. Olivenöl · 1 Becher Crème fraîche (200 g) · 1 Bund Basilikum oder Petersilie · Salz · schwarzer Pfeffer, frisch gemahlen
Pro Portion etwa 1930 Joule/460 Kalorien

- Vorbereitungszeit: etwa 20 Minuten
- Garzeit: etwa 10 Minuten

So wird's gemacht: Die Tomaten mit kochendem Wasser überbrühen, häuten und würfeln, dabei die Stielansätze und die Kerne entfernen. Den Schinken mit seinem Fettrand feinwürfeln oder in Streifen schneiden. Die Möhren schälen, waschen und in Stifte teilen, den Lauch putzen, waschen und in Ringe schneiden. Die Zwiebel schälen und feinhacken. Das Geflügelfleisch kleinschneiden. • Das Öl erhitzen. Zuerst den

Schinken und die Zwiebel darin glasig braten. Die Möhren, den Lauch und die Tomaten dazugeben und einige Minuten schmoren. Das Geflügelfleisch und die Crème fraîche untermischen, alles einmal aufkochen lassen und zugedeckt etwa 5 Minuten garen; dabei nach Wunsch einkochen lassen. • Inzwischen das Basilikum oder die Petersilie kalt abspülen, die Blättchen abzupfen, trockentupfen und feinhacken. • Das Ragout mit Salz und Pfeffer abschmecken und mit dem Basilikum oder der Petersilie bestreut servieren.

Das paßt dazu: Soja-, Vollkorn- oder Weizenkeimnudeln und Gurkensalat

Variante: Geflügelragout in Currysahne
1 Zwiebel und 2 Knoblauchzehen schälen und feinhacken. 400 g gegartes Geflügelfleisch kleinschneiden. 1 kandierte Ingwerpflaume würfeln. 2 Eßlöffel Öl erhitzen, die Zwiebel und den Knoblauch bei mittlerer Hitze darin glasig braten. Das Fleisch und die Ingwerpflaume hinzufügen. ⅛ l heiße Hühnerbrühe, je 1 Eßlöffel trokkenen Sherry und Sojasauce, die abgeriebene Schale und den Saft von ½ unbehandelten Zitrone sowie 1 Eßlöffel Currypulver untermischen. 1 reife Banane und ½ Becher Dickmilch (125 g) hinzufügen. Alles mischen, mit wenig Salz würzen und zugedeckt 5 Minuten köcheln lassen.

Variante:
Geflügelragout mit Weißkohl und Pilzen
250 g Weißkohl putzen, waschen und in feine Streifen schneiden. 150 g braune Egerlinge ebenfalls putzen, wenn nötig waschen, und blättrig schneiden. 1 Schalotte schälen und feinhacken. 300 g gegartes Geflügelfleisch kleinschneiden. 1 Eßlöffel Öl und 1 Eßlöffel Butter erhitzen und die Schalotte darin glasig braten. Den Kohl und die Pilze dazugeben und kurz mitbraten. Das Fleisch sowie ¼ l Sahne untermischen. Alles einmal aufkochen und dann zugedeckt bei schwacher Hitze etwa 3 Minuten garen. Das Ragout mit Salz, weißem Pfeffer aus der Mühle und frisch geriebener Muskatnuß abschmecken und mit 1–2 Eßlöffeln Schnittlauchröllchen bestreut servieren.

Mein Tip Für alle diese Gerichte können Sie selbstverständlich auch frisches Hähnchen- oder Putenbrustfilet verwenden.

Hühnerleber sauer

700 g Hühnerlebern · 4 Schalotten oder 1 große Zwiebel · 40 g Butter · 1 Eßl. Mehl · ¼ l heiße Hühnerbrühe (Instant) · 3 Eßl. Zitronensaft · ½ Becher Crème fraîche (100 g) · Salz · schwarzer Pfeffer, frisch gemahlen · 1 Teel. getrockneter Majoran
Pro Portion etwa 1590 Joule/380 Kalorien

- Vorbereitungszeit: etwa 20 Minuten
- Garzeit: etwa 10 Minuten

So wird's gemacht: Die Lebern kalt abspülen, sorgfältig mit Küchenpapier trockentupfen und in etwa 1 cm breite Streifen schneiden, dabei alle Röhren und Sehnen entfernen. Die Schalotten oder die Zwiebel schälen und feinhacken. • Die Butter in einer Pfanne zerlassen, aber nicht bräunen. Die Hühnerlebern dazugeben und bei mittlerer Hitze unter ständigem Wenden so lange braten, bis sie sich grau färben. Die Schalotten hinzufügen und glasig braten. Das Mehl darüberstäuben und unter Rühren anschwitzen. • Die Hühnerbrühe und den Zitronensaft dazugießen und den Bratfond damit lösen. Die

Crème fraîche untermischen. • Die Lebern mit Salz, Pfeffer und dem zerriebenen Majoran abschmecken.

Das paßt dazu: Kartoffelbrei und Salat

Variante: Hühnerlebern mit Oliven
400 g Hühnerlebern vorbereiten und in Streifen schneiden. 250 g Tomaten häuten und würfeln, dabei von den Stielansätzen und den Kernen befreien. Etwa 20 schwarze Oliven halbieren und entsteinen. Die Schale von 1 unbehandelten Orange etwa zur Hälfte ganz dünn abschneiden und in hauchdünne Streifen schneiden. Die Orange auspressen. 10 Blätter frischen Salbei waschen, trockentupfen und ebenfalls in feine Streifen teilen. 1 Eßlöffel Olivenöl und 2 Eßlöffel Butter erhitzen. Die Lebern, die Oliven, die Orangenschale und den Salbei darin anbraten, bis sich die Lebern grau färben. Die Tomaten und den Orangensaft untermischen und so lange unter Rühren schmoren, bis die Tomaten weich, aber noch nicht zerfallen sind. Das Gericht mit Salz und frisch gemahlenem schwarzem Pfeffer würzen und sofort servieren.

Variante: Putenlebern venezianische Art
500 g Putenlebern wie beschrieben vorbereiten und in Streifen schneiden. 400 g weiße Zwiebeln schälen, halbieren und in dünne Scheiben schneiden. 3 Eßlöffel Olivenöl erhitzen und 2 Eßlöffel Butter darin zerlaufen lassen. Die Zwiebeln zugeben und bei mittlerer bis schwacher Hitze in etwa 20 Minuten glasig und weich braten, dabei sehr häufig wenden. Die Lebern hinzufügen und so lange braten, bis sie sich grau färbt. 1–2 Eßlöffel Paprikapulver edelsüß darunterrühren. 4 Eßlöffel saure Sahne dazugeben und alles noch einmal erhitzen, aber nicht mehr kochen lassen. Die Leber mit Salz und weißem Pfeffer aus der Mühle abschmecken und mit etwas frisch gehackter Petersilie bestreut sofort servieren.

Variante: Putenleber Berliner Art
500 g Putenlebern vorbereiten und in Streifen schneiden. 3 Zwiebeln schälen und in Ringe teilen. 2 säuerliche Äpfel schälen, das Kerngehäuse ausstechen, die Äpfel in etwa 1 cm dicke Scheiben schneiden und mit Zitronensaft beträufeln. 3 Eßlöffel Butter erhitzen und zuerst die Äpfel, dann die Zwiebeln darin weich braten und jeweils auf 4 vorgewärmten Tellern anrichten. Zum Schluß die Leberstreifen etwa 2 Minuten braten. Die Lebern mit Salz und frisch gemahlenem weißem Pfeffer würzen.

Frische Ingwerknollen und Cayennepfeffer geben dem Ingwerhuhn die exotische Würze. Rezept Seite 51.

Die asiatische Küche bietet Geflügelrezepte in allen nur möglichen Variationen. Zutaten wie Kokosmilch oder Granatapfelsirup, Radieschenblätter oder rote Linsen erscheinen Ihnen auf den ersten Blick vielleicht ungewohnt. Doch überzeugen Sie sich selbst davon, wie köstlich diese Gerichte schmecken.

Huhn in scharfer Kokosmilch

1 Kokosnuß von etwa 500 g · 0,3 l warmes Wasser · 1 Huhn oder Hähnchen von etwa 1,6 kg · Salz · 1 Zwiebel · 1 Knoblauchzehe · 1–2 getrocknete rote Pfefferschoten · 3 Eßl. Öl · 1 Teel. Gelbwurz (Kurkuma) · ½ Teel. Kreuzkümmel (Kumin) · 1 Prise Zimtpulver · 1 Paket tiefgefrorene Erbsen (300 g)
Pro Portion etwa 2870 Joule/685 Kalorien

- Vorbereitungszeit: etwa 35 Minuten
- Garzeit: etwa 60 Minuten

So wird's gemacht: Für die Kokosmilch die Kokosnuß öffnen, das Fleisch herauslösen, in Stükke brechen und mit dem Wasser im Mixer pürieren. Das Kokospüree durch ein mit einem Küchentuch ausgelegtes Sieb gießen, mit einem Löffel gut ausdrücken und dann wegwerfen. Die ausgepreßte Kokosmilch beiseite stellen. • Das Huhn innen und außen kalt abspülen, trockentupfen, in 8 Teile schneiden und rundherum mit Salz einreiben. Die Zwiebel und die Knoblauchzehe schälen und feinhacken. Die Pfefferschoten fein zerreiben. • Das Öl erhitzen und zuerst die Keulen und die Flügel des Huhns etwa 10 Minuten darin anbraten. Die Bruststücke dazugeben und 5 Minuten mitbraten. Die Zwiebel und den Knoblauch hinzufügen und glasig braten. • Die Pfefferschote und die Gewürze über die Fleischstücke streuen und die Kokosmilch darübergießen. Alles einmal aufkochen und zugedeckt bei schwacher Hitze etwa 40 Minuten schmoren. Die Erbsen daruntermischen, erneut aufkochen und alles weitere 5 Minuten garen.

Das paßt dazu: Reis

Die lange Garzeit für das Curry-Hähnchen sollten Sie unbedingt einhalten. Das Fleisch wird wunderbar zart und verbindet sich hervorragend mit dem Aroma der Würzmischung. Rezept Seite 52.

Ente in Granatapfel-Walnuß-Sauce

Ein Gericht aus der persischen Küche, das man im Winter ißt, weil es so gehaltvoll ist, daß es schön wärmt. Die vielen Walnüsse müssen sein, wenn die Ente wirklich so gut wie im Original schmecken soll.

Zutaten für 4–5 Personen:
1 junge Ente von etwa 2 kg · Salz · 2 Zwiebeln · 2 Eßl. Öl · ¼ l heiße Hühnerbrühe · 500 g Walnußkerne, frisch gerieben · 5 Eßl. Granatapfelsirup (Grenadine)
Bei 4 Personen pro Portion etwa 5170 Joule/1235 Kalorien

- Vorbereitungszeit: etwa 45 Minuten
- Garzeit: etwa 60 Minuten

So wird's gemacht: Die Ente innen und außen kalt abspülen, trockentupfen und in 8 Stücke schneiden. Das Fett, das nicht direkt unter der Haut liegt, entfernen. Die Entenstücke rundherum mit Salz einreiben. Die Zwiebeln schälen und feinhacken. • Das Öl in einem Schmortopf heiß werden lassen und die Entenstücke darin bei mittlerer Hitze unter häufigem Wenden etwa 30 Minuten anbraten, bis der größte Teil des Fetts ausgetreten ist. Das Fett bis auf einen dünnen Film abgießen (es schmeckt kalt als Brotaufstrich). Die Zwiebeln in den Topf geben und glasig braten. • Die Hühnerbrühe dazufügen und den Bratfond damit loskochen. Die Walnüsse und den Granatapfelsirup untermischen. • Alles einmal aufkochen, dann zugedeckt bei schwacher Hitze etwa 50 Minuten köcheln lassen. • Die Sauce nach Wunsch mit Küchenpapier entfetten und das Gericht sehr heiß servieren.

Das paßt dazu: Reis oder Fladenbrot

Putenwürfel in süßsaurer Sauce

Ein beliebtes Gericht aus der chinesischen Küche, bei dem Sie alles vorbereiten sollten, bevor Sie mit der eigentlichen Zubereitung beginnen. Dann können Sie keinen Arbeitsschritt mehr dazwischenschieben, weil das Fritieren des Fleisches und das Garen des Gemüses rasch gehen muß. Es ist nämlich wichtig, daß die Teighülle knusprig und das Gemüse bißfest bleibt.

600 g Putenbrust · 1 Ei · 60 g Speisestärke · 20 g Mehl · weißer Pfeffer, frisch gemahlen · 4 Eßl. Sojasauce · 3 Eßl. trockener Sherry · ¼ l kalte Hühnerbrühe · 1 Tomate · ½ rote Paprikaschote · 1 Möhre · 100 g Salatgurke · 1 Stange Staudensellerie von etwa 100 g, mit Blättchen · 1 Knoblauchzehe · geschmacksneutrales Pflanzenöl zum Fritieren · 1 Eßl. Sonnenblumenöl · Salz · 3 Eßl. Tomatenketchup · 5 Eßl. Rotweinessig · Saft von 1 Orange · 1 Teel. Zitronensaft · 70 g Zucker · 2 Eßl. kaltes Wasser
Pro Portion etwa 2930 Joule/700 Kalorien

- Vorbereitungszeit einschließlich Ruhezeit: etwa 45 Minuten
- Garzeit: etwa 45 Minuten

So wird's gemacht: Die Putenbrust trockentupfen und in etwa 2 cm große Würfel schneiden. • Das Ei trennen. Das Eiweiß kühl stellen. • Von der Speisestärke 1 gehäuften Eßlöffel abnehmen und für die Sauce beiseite stellen. • Das Eigelb mit der restlichen Speisestärke, dem Mehl und Pfeffer mischen. Je 1 Eßlöffel Sojasauce und Sherry hinzufügen. Unter ständigem Rühren soviel Hühnerbrühe dazugießen, daß ein glatter Teig entsteht, der etwas dickflüssiger als Eierkuchenteig sein sollte. Den Teig zugedeckt 30 Minuten ruhen lassen, damit das Mehl quellen kann. • Je 2 weitere Eßlöffel Sojasauce und Sherry mischen. Die Fleischwürfel darin zugedeckt 10 Minuten marinieren, dabei mehrmals wenden. • Inzwischen die Tomate mit kochendem Wasser überbrühen, häuten und achteln, dabei den Stielansatz und die Kerne entfernen. Die Paprikaschote von den weißen Häuten und den Kernen befreien, waschen und in Streifen schneiden. Die Möhre und die Gurke schälen. Die Gurke halbieren und die Kerne herauskratzen. Den Sellerie waschen. Die Möhre und die Gurke in Stifte, den Sellerie in etwa fingerbreite Stücke teilen. Die Sellerieblättchen abzupfen und beiseite legen. Die Knoblauchzehe schälen und ganz fein hacken. • Den Backofen auf 130° vorheizen. • Das Eiweiß steif schlagen und vorsichtig unter den Teig heben. • Das Öl zum Fritieren erhitzen. • Die Fleischwürfel portionsweise aus der Marinade nehmen, durch den Ausbackteig ziehen und im heißen Öl goldbraun fritieren. Jede Portion jeweils herausnehmen, und die Würfel nebeneinander auf Küchenpapier im Backofen warm halten. • Für die Sauce das Sonnenblumenöl erhitzen. Den Knoblauch und Salz dazugeben. Den Knoblauch bei mittlerer Hitze anbraten. Die restliche Sojasauce, das Tomatenketchup, den Rotweinessig, den Orangen- und den Zitronensaft sowie den Zucker dazugeben. Alles unter Rühren so lange kochen, bis sich der Zucker aufgelöst hat. • Die restliche Hühnerbrühe hinzugießen und einmal aufkochen. Alle Gemüse untermischen und zugedeckt bei schwacher Hitze etwa 5 Minuten garen; die Gemüse sollen nur halbweich sein. • Die restliche Speisestärke mit dem Wasser glattrühren und unter das Gemüse mischen. Noch einmal aufkochen, mit den ausgebackenen Fleischwürfeln mischen und mit den Sellerieblättchen bestreuen. Das Gericht sofort servieren.

Das paßt dazu: Reis

Hähnchen in Safransauce

1 Huhn oder Hähnchen von etwa 1,6 kg · Salz · 1 große Tomate · 1 Zwiebel · 1 Knoblauchzehe · 1 Briefchen Safranfäden · 2 Eßl. heißes Wasser · 2 Eßl. Öl · 1 Becher Crème fraîche (200 g) · 1 Eßl. Petersilie, frisch gehackt · Cayennepfeffer · 2 Eßl. saure Sahne
Pro Portion etwa 2800 Joule/670 Kalorien

- Vorbereitungszeit: etwa 20 Minuten
- Garzeit: etwa 2 Stunden

So wird's gemacht: Das Huhn kalt abspülen, trockentupfen und in 8 Stücke schneiden. Die Stücke mit Salz einreiben. • Die Tomate mit kochendem Wasser überbrühen, häuten und würfeln, dabei von dem Stielansatz und den Kernen befreien. Die Zwiebel und die Knoblauchzehe schälen und feinhacken. Die Safranfäden zwischen den Fingern zerreiben und in dem heißen Wasser auflösen. • Das Öl erhitzen und die Geflügelstücke darin bei starker Hitze rundherum braun anbraten. Die Zwiebel, den Knoblauch und die Tomatenwürfel dazugeben und kurz mitbraten. • Die Crème fraîche hinzufügen und den Bratfond unter Rühren damit loskochen. Den Safran und die Petersilie zum Huhn geben und dieses zugedeckt bei schwacher Hitze etwa 2 Stunden köcheln lassen, bis das Fleisch so weich ist, daß man es mit einem Löffel vom Knochen lösen kann. • Die Geflügelstücke herausnehmen und auf einer vorgewärmten Platte warm halten. • Die Sauce bei starker Hitze cremig einkochen lassen und mit Cayennepfeffer abschmecken. Die saure Sahne untermischen, und die Sauce über das Huhn gießen.

Das paßt dazu: Reis oder Fladenbrot, das es in türkischen oder griechischen Lebensmittelläden zu kaufen gibt.

Ingwerhuhn

Bild Seite 47

1 Huhn oder Hähnchen von etwa 1,4 kg · Salz · 1 Zwiebel · 1 Knoblauchzehe · 1 frische Ingwerwurzel von etwa 50 g · 1 kandierte Ingwerpflaume · 1 Eßl. Öl · ⅛ l Wasser · 1 Eßl. Ingwersirup · 1 vollreife Fleischtomate · 1 grüne Paprikaschote · Cayennepfeffer
Pro Portion etwa 1885 Joule/450 Kalorien

- Vorbereitungszeit: etwa 15 Minuten
- Garzeit: etwa 45 Minuten

So wird's gemacht: Das Huhn innen und außen kalt abspülen, trockentupfen, in 8 Stücke teilen und mit Salz einreiben. Die Zwiebel und die Knoblauchzehe schälen und feinhacken. Die frische Ingwerwurzel wie eine Kartoffel dünn abschälen und in Scheibchen schneiden. Die kandierte Ingwerpflaume würfeln. • Das Öl erhitzen und zuerst die Keulen und die Flügel des Huhns etwa 10 Minuten darin anbraten. Die Bruststükke dazugeben und 5 Minuten mitbraten. Die

Zwiebel, den Knoblauch und den Ingwer hinzufügen und anbraten. Das Wasser und den Ingwersirup hinzugießen und den Bratfond damit lösen. • Das Ingwerhuhn zugedeckt bei schwacher Hitze 20 Minuten schmoren. • Inzwischen die Tomate mit kochendem Wasser überbrühen, häuten und würfeln, dabei den Stielansatz und die Kerne entfernen. Die Paprikaschote waschen, vierteln, von den weißen Häuten und den Kernen befreien und in Streifen schneiden.
• Das Gemüse über dem Huhn verteilen und alles weitere 15 Minuten garen. Nach dieser Zeit die Garprobe machen: eine Keule mit einer Stricknadel an der dicksten Stelle einstechen. Wenn nur klarer Saft austritt, ist das Huhn gar.
• Das Ingwerhuhn mit Salz und Cayennepfeffer abschmecken.

Das paßt dazu: Reis oder Fladenbrot

Curry-Hähnchen

Bild Seite 48

Für Curries, die scharf gewürzten Gerichte der indischen Küche, eignet sich Geflügel besonders gut, denn das Fleisch wird beim Garen wunderbar zart und verbindet sich hervorragend mit dem Aroma der Würzmischung.

1 Huhn oder Hähnchen von etwa 1,4 kg · 1 Zwiebel · 1 Knoblauchzehe · 1 Stück frische Ingwerwurzel, etwa 2 cm lang (oder ½ Teel. Ingwerpulver) · 1 Tomate · 2 Eßl. Öl · 2 Eßl. Butter · ⅜ l Wasser · 1 Teel. Fenchelsamen · 1 Stück Stangenzimt, etwa 4 cm lang · 1 Teel. Senfkörner · 5 Kardamomkörner · 2 Teel. Gelbwurz (Kurkuma) · 1 Teel. Kreuzkümmel (Kumin oder Djintan) · ½ Teel. Anissamen · ½ Teel. gemahlener Koriander · 1–2 getrocknete rote Pfefferschoten oder ½–1 Teel. Chilipulver · Salz · ½ Zitrone
Pro Portion etwa 1897 Joule/450 Kalorien

- Vorbereitungszeit: etwa 30 Minuten
- Garzeit: etwa 3½ Stunden

So wird's gemacht: Das Huhn innen und außen kalt abspülen, trockentupfen und in 8 Stücke teilen. Die Zwiebel und die Knoblauchzehe schälen und würfeln. Die Ingwerwurzel wie eine Kartoffel schälen und in feine Scheibchen schneiden. Wenn Sie Ingwerpulver verwenden, geben Sie es später mit den anderen Gewürzen zum Fleisch. Die Tomate mit kochendem Wasser überbrühen, häuten und würfeln, dabei von dem Stielansatz und den Kernen befreien. • Das Öl und die Butter erhitzen. Die Geflügelstücke bei starker Hitze von allen Seiten darin anbraten. Die Zwiebel, den Knoblauch und den Ingwer zugeben und unter Rühren glasig braten. • Das Wasser dazugießen und den Bratfond unter Rühren lösen. Die Tomate, die Gewürze, die fein zerriebenen Pfefferschoten und Salz dazugeben und alles gut mischen. Das Curry einmal aufkochen, dann zugedeckt bei schwacher Hitze etwa 3 Stunden sanft köcheln lassen, bis die Sauce schön sämig und das Fleisch so weich ist, daß man es mit einem Löffel vom Knochen lösen kann. • Die Zitrone auspressen und das Hähnchen-Curry mit dem Saft abschmecken.

Das paßt dazu: Reis

Chinahuhn mit Tofu

Bild 3. Umschlagseite

15 g getrocknete Chinapilze (Tonghu oder Shiitake-Pilze) · ⅛ l Wasser · 200 g Tofu · 5 Eßl. Sojasauce · 1 doppeltes Hühnerbrüstchen von etwa 200 g · 400 g Lauch (Porree) · 1 Knoblauchzehe · 1 Eßl. Mehl · 3 Eßl. Öl · 3 Eßl. trockener Sherry · 1 Teel. Speisestärke · 2 Eßl. kaltes Wasser · Salz · weißer Pfeffer, frisch gemahlen
Pro Portion etwa 1050 Joule/250 Kalorien

- Vorbereitungszeit einschließlich Ruhezeit: etwa 3 Stunden
- Garzeit: etwa 30 Minuten

So wird's gemacht: Die Pilze etwa 3 Stunden in dem Wasser einweichen. • Den Tofu würfeln, mit der Sojasauce übergießen und 3 Stunden marinieren, dabei häufig wenden. • Die Hühnerbrust häuten, entbeinen und in etwa 1 cm breite Streifen schneiden. • Den Lauch putzen, waschen und mit etwa ⅓ des Lauchgrüns in 1 cm lange Stücke teilen. Die Knoblauchzehe schälen und feinhacken. • Die eingeweichten Pilze aus dem Wasser heben, von den harten Stielen befreien und in Stücke schneiden. • Die Tofuwürfel etwas abtropfen lassen, in dem Mehl wenden und portionsweise rundherum in 2 Eßlöffeln Öl goldgelb braten. Auf einem vorgewärmten Teller warm halten. • Das restliche Öl in die Pfanne geben und erhitzen. Zuerst das Hühnerfleisch darin nur so lange anbraten, bis es sich grau färbt. Wieder herausnehmen, auf ein Sieb geben und das Sieb über eine Schüssel legen, damit sich der abtropfende Fleischsaft sammeln kann. • Den Knoblauch, die Pilze und den Lauch etwa 2 Minuten anbraten, mit dem Einweichwasser der Pilze, der Sojasauce vom Tofu und dem Sherry aufgießen und zugedeckt etwa 5 Minuten bei schwacher Hitze garen. Das Fleisch und den Tofu wieder dazugeben und nur erhitzen. • Die Speisestärke mit dem kalten Wasser glattrühren und die Sauce damit binden. Das Gericht mit Salz und Pfeffer abschmecken.

Das paßt dazu: Reis oder Brot

Variante: Ananashuhn nach China Art
2 doppelte Hühnerbrüstchen von je etwa 200 g wie beschrieben vorbereiten. 2 Eßlöffel Speisestärke mit frisch gemahlenem weißem Pfeffer, 4 Eßlöffeln Sojasauce, 2 Eßlöffeln trockenem Sherry und 1 Eßlöffel Öl mischen. Die Fleischstreifen zugedeckt 30 Minuten darin ziehen lassen und dabei mehrmals wenden. Inzwischen 500 g frische Ananas schälen, in etwa 1 cm dicke Scheiben schneiden, den inneren harten Strunk heraustrennen und dic Scheiben in Stücke teilen. 2 Knoblauchzehen schälen und ganz fein hakken. 4 Eßlöffel Öl erhitzen. Das Fleisch abtropfen lassen und portionsweise nur so lange anbraten, bis es sich grau färbt. Jede Portion wieder herausnehmen, auf ein Sieb geben und das Sieb über eine Schüssel legen, damit sich der Fleischsaft sammeln kann. Den Knoblauch ebenfalls kurz anbraten. Das Fleisch einschließlich -saft und die Ananas wieder hinzugeben. ⅛ l Hühnerbrühe dazugießen und alles nur erhitzen. Das Ananashuhn mit Salz, 1 Teelöffel Zitronensaft und 1 kräftigen Prise Cayennepfeffer würzen. ½ Eßlöffel Speisestärke mit der Marinade und 2 Eßlöffeln Wasser glattrühren, zum Fleisch geben und unter Rühren einmal aufkochen, bis die Sauce bindet.

Huhn in Zitronen-Kräuter-Sauce

1 Huhn oder Hähnchen von etwa 1,2 kg · Salz · weißer Pfeffer, frisch gemahlen · 1 Bund Frühlingszwiebeln · 1 Eßl. Öl · ¼ l Wasser · 1 Rindermarkknochen · 1 kleine, unbehandelte Zitrone · 125 g Petersilie · Blätter von 2 Bund Radieschen · 1 Bund Schnittlauch
Pro Portion etwa 1665 Joule/395 Kalorien

- Vorbereitungszeit: etwa 10 Minuten
- Garzeit: etwa 2½ Stunden

So wird's gemacht: Das Huhn innen und außen kalt abspülen, trockentupfen, in 8 Stücke zerlegen und mit Salz und Pfeffer einreiben. Die Frühlingszwiebeln putzen und in Ringe schneiden. Das Zwiebelgrün beiseite legen. • Das Öl in einem Bräter erhitzen. Die Geflügelstücke darin bei starker Hitze von allen Seiten anbraten. Die Zwiebelringe dazugeben und kurz mitbraten. Das Wasser dazugießen und den Bratfond unter Rühren damit lösen. Den Markknochen auf das Fleisch legen und das Huhn zugedeckt bei schwacher Hitze 60 Minuten schmoren. • Die Zitrone halbieren. Die eine Hälfte ganz dünn abschälen, dann die ganze Zitrone auspressen. Das Zwiebelgrün, die Petersilie, die Radieschenblätter und den Schnittlauch waschen, trockenschwenken und fein zerkleinern. • Alle diese Zutaten sowie den Zitronensaft zum Fleisch geben und das Gericht weitere 60 Minuten schmoren, bis das Fleisch so weich ist, daß es sich mit einem Löffel von den Knochen lösen läßt. Den Markknochen herausnehmen und die Sauce nach Wunsch mit Küchenpapier etwas entfetten. Die Zitronenschale in hauchdünne Streifen schneiden und das Gericht damit bestreuen.

Das paßt dazu: Reis oder auch Weißbrot

Huhn mit roten Linsen

1 Huhn oder Hähnchen von etwa 1,6 kg · Salz · 1 Zwiebel · 1 Knoblauchzehe · 1 Briefchen Safranfäden · 3 Eßl. heißes Wasser · 2 Eßl. Sonnenblumenöl · 200 ccm heiße Hühnerbrühe · Cayennepfeffer · 1 Prise Zimtpulver · 200 g rote Linsen · ½ Becher saure Sahne (125 g)
Pro Portion etwa 2350 Joule/560 Kalorien

- Vorbereitungszeit: etwa 10 Minuten
- Garzeit: etwa 60 Minuten

So wird's gemacht: Das Huhn innen und außen kalt abspülen, trockentupfen, in 8 Teile zerlegen und rundherum mit Salz einreiben. • Die Zwiebel und die Knoblauchzehe schälen und feinhakken. Den Safran in dem heißen Wasser auflösen. • Das Öl erhitzen und zuerst die Keulen und die Flügel des Huhns etwa 10 Minuten darin anbraten. Die Bruststücke 5 Minuten mitbraten. Die Zwiebel und den Knoblauch dazugeben und glasig braten. • Die Hühnerbrühe, den Safran, Cayennepfeffer und den Zimt hinzufügen. Alles einmal aufkochen und zugedeckt bei schwacher Hitze etwa 20 Minuten schmoren. • Die Linsen und die saure Sahne daruntermischen, erneut aufkochen und alles weitere 20 Minuten garen.

Das paßt dazu: Salat und Fladenbrot

Mein Tip Radieschenblätter schmekken ausgezeichnet und sind deshalb zum Wegwerfen viel zu schade. Achten Sie bitte beim Kauf darauf, daß Sie wirklich frische Radieschen mit dunkelgrünen, saftigen Blättern bekommen. Sobald sie schlapp und gelblich sind, taugen sie nämlich nichts mehr. Schneiden Sie die Blätter ab und bewahren Sie sie in einem festverschließbaren Gefäß im Kühlschrank auf. Sie halten sich jedoch nur etwa einen Tag frisch. Radieschenblätter werden gegart für Suppen, Kräutersaucen und Ragouts verwendet.

Rezept- und Sachregister

Kursiv gesetzte Seitenzahlen verweisen auf Farbbilder.

Ein kalorienarmes Gericht aus der Bio-Küche: Chinahuhn mit Tofu. Tofu ist Quark aus Sojamilch und besonders eiweißreich. Rezept Seite 52. ▷